天

Borderless

下

博稽古今　融汇天下

天
rderless
下

博
观

Plato's Dialogues

Referring to the Trial and Death of Socrates

柏拉图对话录

关于苏格拉底的审判和死亡

[古希腊]柏拉图 著

[英]胡威立 导读

高 咏 译

法律出版社 LAW PRESS · CHINA

北京

图书在版编目(CIP)数据

柏拉图对话录：关于苏格拉底的审判和死亡 / (古希腊) 柏拉图著；(英) 胡威立导读；高咏译. --北京：法律出版社, 2024

书名原文：Plato's Dialogues: Referring to the Trial and Death of Socrates

ISBN 978-7-5197-9096-7

Ⅰ. ①柏… Ⅱ. ①柏… ②胡… ③高… Ⅲ. ①柏拉图(Platon 前427-前347)—语录 Ⅳ. ①B502.232

中国国家版本馆CIP数据核字(2024)第088729号

柏拉图对话录
——关于苏格拉底的审判和死亡
BOLATU DUIHUALU
—GUANYU SUGELADI DE SHENPAN HE SIWANG

[古希腊]柏拉图 著
[英]胡威立 导读
高 咏 译

责任编辑 韩满春
装帧设计 贾丹丹

出版发行 法律出版社
编辑统筹 学术·对外出版分社
责任校对 裴 黎
责任印制 胡晓雅 宋万春
经 销 新华书店

开本 A5
印张 5.875 **字数** 123千
版本 2024年6月第1版
印次 2024年6月第1次印刷
印刷 天津嘉恒印务有限公司

地址：北京市丰台区莲花池西里7号(100073)
网址：www.lawpress.com.cn
投稿邮箱：info@lawpress.com.cn
举报盗版邮箱：jbwq@lawpress.com.cn
销售电话：010-83938349
客服电话：010-83938350
咨询电话：010-63939796

书号：ISBN 978-7-5197-9096-7
定价：38.00元

作 者 简 介

柏拉图 Plato，公元前 427 年 ~ 公元前 347 年

古希腊伟大的哲学家，也是整个西方文化中伟大的哲学家和思想家。

胡威立 William Whewell，1794 ~ 1866 年

英国科学史家、科学家。

译 者 简 介

高 咏

北京第二外国语学院法学部副教授，北京大学法学博士，美国杜克大学法学院访问学者。精通英语、俄语，主要研究方向为诉讼法学、法律翻译，出版专著、译著若干部，发表学术论文二十余篇。

编者的话

苏格拉底是被雅斯贝尔斯称为轴心时代和中国的孔子等量齐观的人物，苏格拉底的审判和死亡是西方哲学史上的重要事件，阅读这部《柏拉图对话录：关于苏格拉底的审判和死亡》会给人一种智识上的愉悦感，以及对中西方哲学、文化上差异的思考。

首先是《游叙弗伦篇》，其中谈及如何理解"虔诚"，中国的传统哲学中也有类似的表达，即《大学》中的"正心诚意"，《孟子》云："诚者，天之道也；思诚者，人之道也。""诚"可以说是中西方文化中的核心观念之一，但是苏格拉底用他的诡辩方法对"诚"的具体含义提出了挑战，发现游叙弗伦口中所谓的"诚"在循环论证。而中国的思想界，似乎很少有这种现象——对概念进行"抬杠"式的逻辑辩论，更多的是笼而统之的灌输式学习。编者认为中国文化对诡辩更缺乏容忍，或许是中国传统哲学逻辑性较弱的原因之一。

其次是《申辩篇》，其中大量的篇幅谈及“智慧”，中国的传统哲学也非常重视智慧，但是排在“仁”之后，“仁义礼智信”是也，而非像西方哲学那样排在首位。我们耳熟能详的“知之为知之，不知为不知，是知也”更多表达的是对“智”的态度，而非像“吾爱吾师，吾更爱真理”那样是对“智”的追求。

再次是《克力同篇》，对此人们更多讨论的是法理上的问题，比如法律是什么？“恶法”是否是有效的法律，正如《安提戈涅》给人们带来的“自然法”和“人定法”的思考。然而，编者认为此篇涉及中西方文化上的重要差异，即“城邦”与“天下”的差异。苏格拉底拒绝在克力同等人的帮助下，逃离监狱和死刑的理由，即他一直生活在雅典城邦治下，如果他不认可雅典的法律和统治，应该在审判之前，或者更早就离开雅典，去往别的城邦生活。申而言之，城邦的生活是可以选择的，是可以不“齐”“壹”的。中国的传统哲学追求的是“天下”“大一统”，是“修身齐家平天下”“天下归之”！这两种生活制度的差异不得不察。

最后是《斐多篇》，此篇主要讨论苏格拉底面对死亡时的态度，探讨了是否有“灵魂”，以及“灵魂”是否不朽，编者倒觉得古希腊人对灵魂的看法和佛教有几分相似，或许这是人类心智对“灵魂”的普遍的朴素看法。中国传统哲学也持类似观点，道家和墨家是承认“灵魂”的，儒家“不语怪力乱神”，但主张人死后“厚葬”，似乎对“灵魂不朽”只做不说，因为说不清，更多着力现世生活，关注物质的实在，而非意识的理念，“不知生，焉知死也！”

以上是编者的一点感受，读者自会有自己的感受，所谓“一百个读者,就有一百个哈姆雷特”,申而言之,每个时代也会用其流行话语体系对这些不变的哲学问题进行论述。

本书译自英国学者胡威立的英译本,书中胡威立的导读、评述和插叙内容,都以楷体字行文,望读者明了。

译者序

威廉·胡威立(William Whewell)是英国著名科学家、哲学家、神学家和翻译家,是19世纪英国重要学者之一,其影响力至今犹存。威廉·胡威立1794年生于兰开斯特,1866年卒于剑桥。他出身于木匠家庭,1812年进入剑桥大学学习数学,1817年成为剑桥大学三一学院成员,1820年被评为英国皇家学会会员。威廉·胡威立是杰出的通才,他的著作涵盖了自然科学、哲学、语言学和教育等多个领域。他提出了"科学哲学"的概念,强调科学理论的发展需要结合归纳和演绎的方法。除了在科学和哲学领域的贡献外,胡威立还是一位杰出的翻译家,他翻译了许多古希腊和古罗马的作品,其译作以忠实于原著并具有文学价值而著称。

在《柏拉图对话录:关于苏格拉底的审判和死亡》这部作品中,威廉·胡威立翻译和解读了柏拉图的四部对话录:《游叙弗伦篇》《申辩篇》《克力同篇》《斐多篇》。这些对话描绘了古希腊哲学家苏格拉底最后的日子,记录了他在雅典法庭上被控犯下不敬神罪名的审判和死亡。苏格拉底的这段人生经历,是哲学史上不可忽视的重要事件,也是我们理解西方哲学思想发展的关键时刻之一。在这些对话中,我们看到了苏格拉底的勇气、智慧和坚定的信念,他追求真理的精神令人敬佩。通过这些对话,我们不仅可以了解古希腊哲学的思想,还可以思考关于正义、自由、责任和人生意义等永恒问题。

《游叙弗伦篇》是关于宗教和道德的讨论,记录了苏格拉底和游叙弗伦之间的对话。游叙弗伦是一位年轻的宗教专家,他正要控告自己的父亲犯了一桩谋杀罪。苏格拉底利用这个机会与游叙弗伦探讨了关于神圣与正义的关系的问题。在对话中,苏格拉底询问游叙弗伦正义的定义。游叙弗伦给出了一个基于宗教信仰的定义,认为正义是神所喜悦的事情。苏格拉底追问了一个经典的问题:是神喜欢正义,还是正义本身使得某事被神所喜欢?通过这场对话,柏拉图引发了关于道德规范的本源和人类行为动机的思考。

《申辩篇》描绘了苏格拉底在雅典法庭上为自己辩护的情景。这篇对话发生在公元前 399 年,苏格拉底被指控不尊重城邦的神灵和引导青年违反传统宗教信仰,最终被判处死刑。在辩护中,苏格拉底并没有试图逃避罪名,而是以自己的思想和道德准则为自己辩护。他认为,自己的任务是启发人们思考,探求真理,而这种行为并不会破坏雅典城邦,反而会促进城邦进步。苏格拉底强调,他的目的并非教导人们如何生活,而是告诉他们如何思考和自省。《申辩篇》被视为西方文明中关于言论自由和思想表达权利的重要作品之一。苏格拉底坚持真理和正义的精神以及对自由思考的捍卫,值得钦佩。

《克力同篇》记录了苏格拉底与他的朋友克力同之间的对话。对话发生在苏格拉底被判处死刑后不久,克力同劝说苏格拉底逃离雅典。苏格拉底拒绝了克力同的建议,认为逃跑是不道德的行为,是对法律的不尊重。在《克力同篇》中,苏格拉底阐述了他对法律和道德的理解。他认为,人们应当遵守法律,即使法律可能是错误的或不公正的,因为法律代表了整个社会的共同意志。苏格拉底认为,逃避法律的处罚会破坏社会秩序,会违背公民的道德责任。在《克力同篇》中,柏拉图探讨了道德、法律和个人责任之间的关系。这部作品强调了尊重法律的重要性,同时也反思和批判了不公正的法律。

《斐多篇》记录了苏格拉底在狱中被执行死刑前的最后一天与朋友们的对话,对话主要围绕灵魂的不朽性展开。苏格拉底向他的朋友们阐述了他对灵魂本质的看法。他认为,灵魂是不朽的,死亡只是灵魂的一种转移,就像生命是灵魂的囚禁一样。苏格拉底通过一系列的论证和比喻来证明灵魂的不朽性,并强调了追求智慧和真理的重要性。《斐多篇》是柏拉图对死亡和灵魂的思考的精华之作。在这部作品中,柏拉图提出了死亡的超越性,认为真正的智者应当不惧死亡,因为死亡只是灵魂的解放和升华。这种对死亡的理性思考,对之后的哲学和宗教思想产生了深远影响。

威廉·胡威立不仅翻译了这些对话录,而且还深入分析和解读了这些作品,这体现了胡威立对柏拉图思想的深刻理解,为读者提供了全面和深入的阅读体验。在这部著作中,每篇对话录都包含了胡威立撰写的导论和评述。在导论中,胡威立简要介绍每篇对话录的背景和重要性,为读者提供了解这些对话的上下文和意义的重要线索。在评述部分,胡威立对每篇对话的内容进行分析和解读,深入探讨其中涉及的哲学问题,以帮助读者理解柏拉图的思想。这些导论和评述为读者阅读和理解对话录提供了极大的帮助,使得这些古代文本变得更加易读和具有启发性。此外,威廉·胡威立还在对话录中插入了自己的理解、见解和解释,这丰富了对话的内涵,能够帮助读者更深入地理解柏拉图的思想。这些插入的内容不仅使得对话更加生动和引人入胜,也为读者提供了思考和理解的新视角。威廉·胡威立通过这种方式,为读者呈现了一部丰富而有趣的柏拉图对话录,让人能够轻松地理解和欣赏这些充满智慧和哲学思想的作品。

翻译这部重要的著作并为此书撰写译者序言,我深感荣幸,也知道责任重大。在翻译过程中,我尽力保持原文的意境和风采,力求准确传达原著作者的思想和情感。同时,我也添加了适当的注释,帮助读者更好地理解文本背后的文化和历史背景。希望读者在阅读本书时能够获得启发和思考,感受古希腊哲学的魅力。

高　咏

2024 年 5 月 11 日

目录

游叙弗伦篇

论虔诚

《游叙弗伦篇》的副标题——“论虔诚”，说明了这篇对话录讨论的主题。但我认为，这篇对话录的真正意图是要对苏格拉底的审判产生影响。

导　论

早在公元前423年，阿里斯托芬[1]就把苏格拉底与诡辩派混为一谈。苏格拉底被当作诡辩派的代表，遭到大众舆论的厌恶。不过，导致苏格拉底不幸死亡的是二十多年后的喜剧《云》。[2] 与此同时，还有其他一些原因也使苏格拉底不受各方欢迎。公元前406年，

---

〔1〕 阿里斯托芬(约公元前446年—前385年)，古希腊喜剧作家、诗人，雅典公民，同苏格拉底和柏拉图有交往。——译注

〔2〕《云》，阿里斯托芬撰写的一部喜剧，主角有斯瑞西阿得斯、斯瑞西阿得斯之子斐狄庇得斯和苏格拉底。《云》以讽刺苏格拉底而闻名，十分犀利地批判了苏格拉底的观点。这部喜剧的大意是，斯瑞西阿得斯负债累累又不想还钱，就向"思想所"里的苏格拉底学习诡辩术，为的是赖掉债务。但斯瑞西阿得斯因年老而记忆力不好，云神就劝他叫儿子斐狄庇得斯去学。但斐狄庇得斯认为苏格拉底是疯了，不愿意去"思想所"学习，斯瑞西阿得斯就逼自己的儿子去学习。斐狄庇得斯学成后，斯瑞西阿得斯成功地赖掉了自己的债务。但后来，斯瑞西阿得斯被自己的儿子暴打，斐狄庇得斯用从"思想所"里学来的诡辩术为自己辩护，证明"儿子打父亲"是合理的。斯瑞西阿得斯一气之下烧毁了"思想所"，苏格拉底也被烧死了。——译注

发生了阿基纽塞海战,[1]在这场战役之后对将领们的审判中,苏格拉底坚决抵制民主派的过激要求,因为这些要求是非法的,后面我们在苏格拉底的申辩中会提到这一点。公元前405年,斯巴达海军统帅莱山德[2]攻占雅典,建立了寡头政治,即通常所说的"三十僭主"。[3] 这些寡头政治的统治者们对苏格拉底很不信任,还试图把苏格拉底卷入自己的残暴统治中。正如我们在《申辩篇》中看到的,苏格拉底冒着生命危险反抗。

克里提阿斯[4]是"三十僭主"中最肆无忌惮的人之一,他曾是苏格拉底的朋友和听众,但在寡头政治时期变得对苏格拉底特别不友好。[5] 色诺芬[6]说,克里提阿斯制定了一项法律,规定任何人不得教授演讲术。当然,这是指苏格拉底所使用和鼓励的分析性讨论。色诺芬说,苏格拉底的敌人在他身上找不到可以利用的东西,就对他提出控告,这是他们对哲学家惯用的手段。

事实上,苏格拉底从未教授过演讲术,而他真正的罪名来自另一方面。在"三十僭主"处死许多公民和正直的人后,苏格拉

---

[1] 阿基纽塞海战,公元前406年,在第二次伯罗奔尼撒战争中,雅典和斯巴达在阿基纽塞群岛附近进行了一次大规模的海战。在这次战争中,雅典舰队击毁斯巴达70艘船舰,取得了巨大的胜利。战后,雅典的8名将军因未能运回阵亡者的尸体而受到审判,其中6人被处死,2人逃跑。——译注

[2] 莱山德(?—公元前395年),古希腊斯巴达海军统帅,出生在斯巴达一个没落的贵族家庭。公元前407年,伯罗奔尼撒战争期间,莱山德就任斯巴达海军统帅,其军事才能得以施展,成为战胜雅典、结束伯罗奔尼撒战争的举足轻重的人物。——译注

[3] "三十僭主",斯巴达占领雅典后,在那里建立了一个寡头政治的傀儡政府,这个政府处于斯巴达的保护下,称作"三十僭主"。——译注

[4] 克里提阿斯,古希腊雅典著名演说家、作家、哲学家、政治家,苏格拉底的弟子。他出身于贵族家庭,柏拉图是他的侄子。他是贵族寡头党,反对民主,是"三十僭主"的领导人之一。——译注

[5] 《回忆苏格拉底》第1卷第2章。——原注

[6] 色诺芬(公元前440年左右—前355年),雅典人,历史学家,苏格拉底的弟子,以记录希腊历史、苏格拉底的语录而著称,著有《长征记》《希腊史》《回忆苏格拉底》等。——译注

底说，如果一群牲畜的主人把牲畜养得越来越少、越来越差，那他肯定知道自己不是一个好牧人。那么，如果一个城邦的首领把公民管理得越来越少、越来越差，那他也应该明白，自己不是一个好首领。有人把这事报告给克里提阿斯和他的同僚卡里克勒斯，[1]他们就派人去找苏格拉底，给他看了法律，并告诉他不得与年轻人交流讨论。这正是苏格拉底运用自己的反诘法的机会，他就这样做了。他问是否可以向他们请教法律的含义。“我愿意遵守法律，”他说，“但为了不因无知而犯法，请告诉我，你们说我不能教授演讲术，这种演讲是指说正确的话，还是指说错误的话？如果指的是说正确的话，我就不能说正确的话；如果指的是说错误的话，我就要努力说正确的话。”卡里克勒斯愤怒地说：“苏格拉底，既然你的理解力这么差，那就把这条规定说得简单些，那就是你不能和年轻人交谈。”苏格拉底继续追问：“你说的年轻人，有多年轻呢？到多少岁算年轻？”卡里克勒斯回答说：“到三十岁，这是参加政治活动的法定年龄。”苏格拉底又问道：“我不能向一个三十岁以下的人购买东西，不能向他询问价钱，是吗？”“不是的，这种事你可以问。但你的习惯是，苏格拉底，问一些显而易见的事，这种问题就不要再问了。”苏格拉底又问：“如果一个年轻人问我卡里克勒斯住在哪里，或者克里提阿斯在哪里，我可以回答吗？”“当然，你可以回答这样的问题。”卡里克勒斯说。“但是，”克里提阿斯说，“你不要再谈论鞋匠、铁匠和铜匠了，我看你现在已经把这些话题说烂了。”[2]

---

[1] 卡里克勒斯，古希腊的一位智者。——译注

[2] 苏格拉底经常问年轻人这样的问题：“如果我想修鞋，我该去找谁呢？”年轻人回答说：“去找鞋匠啊。”苏格拉底接着又会提到铁匠、铜匠，等等，最后他会问：“那应该由谁来修理城邦这只船呢？”——译注

“那么，”苏格拉底说，“我想我就不能再谈这些例子背后的品性了，也就是不能谈正直和圣洁之类的东西。”“是不能谈了，”克里提阿斯说，“也不能谈牧人。如果你还要谈论城邦里的牧人，说牲畜减少了，那你可要小心，别让牲畜因为你变少了。”这表明，他们听说过苏格拉底关于牲畜的言论，因而感到恼火。

不过，苏格拉底还是躲过了“三十僭主”恐怖统治的危险。次年（公元前 403 年），特拉叙布洛斯[1]恢复了民主制度。在特拉叙布洛斯胜利后，被不公正地驱逐出雅典的阿尼图斯[2]和其他流亡者一起返回了雅典。可以想象，正如一位苏格拉底评论家所说的那样，复辟的流亡者把推翻雅典旧制度的革命归咎于年轻人从诡辩家那里学到的新学说，并把苏格拉底看作这一学说的领袖。亚西比德，[3]克里提阿斯，查密迪斯，[4]给他们的城邦造成了那么大的灾难，他们是从哪个学校出来的？他们蔑视人民，蔑视自己的祖先和祖邦的宗教，他们这种自命不凡的态度，是从谁那里学来的？据此，我们可以认为，阿尼图斯自己就是攻击苏格拉底的发起者，《美诺篇》[5]表明了这一点。

与政治家阿尼图斯一起参与控告苏格拉底的还有两个人：

---

〔1〕 特拉叙布洛斯，古希腊雅典爱国者、著名将领、民主领袖。公元前 403 年，他战胜了“三十僭主”，杀死了领袖克里提阿斯。——译注

〔2〕 阿尼图斯，恢复民主制度的英雄，和苏格拉底认识，是柏拉图《美诺篇》的对话者之一，也是控告苏格拉底的三个人之一。——译注

〔3〕 亚西比德（公元前 410 年—前 356 年），古希腊雅典将军、哲学家、政治家、演说家，苏格拉底的学生和挚友。——译注

〔4〕 查密迪斯是“三十僭主”的成员之一。——原注

〔5〕 《美诺篇》，柏拉图的著作，是一部短小而深刻的对话录，对话者是苏格拉底和美诺。这部对话录讨论了几个基本的哲学问题，包括美德的本质和定义、美德与知识的关系等，提出了美德就是知识、学习就是回忆、灵魂不朽等论点。——译注

演说家吕孔[1]和诗人米勒图斯[2]。诗人米勒图斯曾被阿里斯托芬和苏格拉底嘲笑，而吕孔，除了他指控苏格拉底外，人们对他知之甚少。

根据雅典的法律，起诉书被张贴在一个公共场所（王宫前廊，苏格拉底和游叙弗伦会面的地方），内容如下（生活在哈德良[3]时代的费乌里努斯[4]说，原始文件当时还在）：

> “皮蒂斯教区的米勒图斯之子米勒图斯，控告阿洛佩克教区的索佛洛尼斯科斯[5]之子苏格拉底。
>
> “苏格拉底有罪。他不承认城邦的神，还引入了其他的神。他还犯有败坏青年罪。应该处以死刑。”

这种控诉提出后，苏格拉底等着审判，据说，对话录《游叙弗伦篇》就是在这一背景下产生的。可是，这篇对话录是什么时候发表的呢？

《美诺篇》向我们展示的是审判前人们对苏格拉底的看法，而柏拉图在《克力同篇》和《斐多篇》中描绘的则是审判后苏格拉底的言谈举止。我们能否知晓苏格拉底崇拜者们的感受呢？《游叙弗伦篇》有没有可能是在审判期间流传开来的？

---

[1] 吕孔，政治家、演说家，控告苏格拉底的三个人之一。——译注

[2] 米勒图斯，诗人，控告苏格拉底的三个人之一。——译注

[3] 哈德良（76年—138年），罗马帝国的第十四位皇帝、安敦尼王朝的第三位皇帝，也是“罗马五贤帝”中的第三位，被称为“勇帝”。哈德良在位时期，是罗马帝国的辉煌时期，世人对他评价很高。——译注

[4] 费乌里努斯（约85年—155年），诡辩家、哲学家和文学家。——译注

[5] 索佛洛尼斯科斯，苏格拉底的父亲，是一位雕刻匠。——译注

从某些方面来看，这似乎是有可能的，而这种推测也给这篇对话录增添了特殊的趣味。这篇对话录产生时，苏格拉底的门徒们并不相信，真的有人控告了苏格拉底。当时，在他们看来，这件事是荒谬的，而不是危险的。苏格拉底，一个如此虔诚的人，竟然被控告不虔诚，这实在是太过分了。控告苏格拉底不虔诚，就像游叙弗伦所说的那样，是从摧毁壁炉石开始摧毁房子。这种对不虔诚的指控是多么含糊啊！以如此明确的形式提出这样的控告，使之成为法庭审判的对象，怎么能做出这种事情来呢？谁能说明白，什么是不虔诚？雅典最聪明的人也无法给不虔诚下一个明白易懂、始终如一的定义。如果是这样，苏格拉底当然可以对控告者和法官说，你们连虔诚或不虔诚是什么都说不清楚，怎么能认定我有罪呢？

这就是这篇对话录隐含的论点。游叙弗伦自称对这一问题有特殊的见解，苏格拉底就此向他提出问题。游叙弗伦以杀人罪起诉自己的父亲，这令人不解。如果像我猜测的那样，这篇对话录是在苏格拉底受审期间发表的，那么当时很有可能发生了这样的杀人事件。因为，如果这件事是编造的，那有关犯罪的问题就会变得更加模糊不清了。

狄奥根尼·拉尔修斯[1]认为，游叙弗伦的控告确有其事。因为，他说，《游叙弗伦篇》的发表使游叙弗伦撤回了自己的控告。柏拉图也许是想让米勒图斯和阿尼图斯撤回控告，但遗憾的是，这篇对话录没能产生那样的效果。

---

〔1〕 狄奥根尼·拉尔修斯，公元 3 世纪的古希腊哲学家和历史学家，以其著作《哲学家的生活》而闻名，该书记载了古希腊和古罗马著名哲学家的生活、思想和言论。——译注

游叙弗伦篇

对话开始于苏格拉底和游叙弗伦在法庭附近的一次会面。

1. **游**：[1]“苏格拉底，发生了什么新奇的事啦？你竟然离开吕克昂，[2]到王宫前廊来溜达？你该不是来打官司的吧？”

苏：[3]“游叙弗伦，我的这种事，雅典人不管叫它官司，而是称它为控告，不是私人诉讼，而是公共诉讼。”

游：“你说什么？是有人控告你吗？我决不相信你会去控告别人。”

苏：“我的确没有控告别人。”

游：“那就是有人控告你了？”

---

〔1〕 指游叙弗伦，下同。——译注

〔2〕 吕克昂，雅典的一个体育场，位于雅典东门外，在阿波罗庙附近。苏格拉底非常喜欢那里，常去散步，在那里同人们讨论问题。后来，亚里士多德在此设立了学园。——译注

〔3〕 指苏格拉底，下同。——译注

苏:“是的。”

游:“是谁呢?”

苏:“我也不太清楚,游叙弗伦。他好像是个年轻人,也没什么名气。我知道他名叫米勒图斯,是皮蒂斯区人。你认识这个皮蒂斯区的米勒图斯吗?他有一头光滑的长发,胡须不多,鹰钩鼻。”

游:“我不认识这个人,苏格拉底。他控告你什么事呢?”

苏:“什么事?我觉得是非同小可的事。他那么年轻,就知道这等大事,这可真了不得。他说他知道,年轻人的思想是怎样被腐化的,是谁使他们堕落的。他一定是个非常聪明的人。他看到我愚笨无知地毒害了他的同辈人,对我很是不满,于是就像孩子跑到母亲那里去一样,到城邦来控告我。在我看来,他是我们政治家中唯一走上正道的人。这正道就是关心年轻人的成长,使他们变得优秀,就如同农夫要把幼苗放在首位一样。米勒图斯说,他首先要清除我们这些糟蹋了幼苗的人,然后去关照年长的人,这样就能给城邦带来无数的好处。”

这种讽刺的赞美是平和的,但我们还是能够看到隐藏在其中的愤慨。游叙弗伦直截了当地说出了这种感觉。

2. **游**:“但愿如此,苏格拉底,但恐怕事实恰恰相反。在我看来,攻击你的人是在毁损城邦的命脉。告诉我,他说你做了什么?他说你毒害了年轻人,是什么意思?”

苏:“他的话真是荒唐啊,我的朋友。他说我创造新的神,而不承认原先的神。”

游:“我明白了,苏格拉底。他指的是你所说的陪伴你的神明或神圣向导。他以此为由来到法庭控告你,因为他知道大众会听信这样的诬告。事实也的确如此。每当我做出预言时,人们就嘲笑我,而我的预言总是会应验。这都是因为嫉妒,我们不必理会。"

3. **苏**:"哎,游叙弗伦,被人嘲笑倒没什么大不了。依我看,雅典人不会因为一个人有智慧而恼火,但是,如果某人把自己的智慧传授于人,雅典人就会大发雷霆了。如果他们只是要嘲笑我,就像你说的,他们也这样嘲笑你,那就让他们笑吧,这没什么大不了的。可是如果他们当真了,那么除了你这样的预言家,谁也不知道事情会发展成什么样。"

游:"但愿,苏格拉底,这并无大碍,你会打赢你的官司,我也会打赢得我的官司。"

4. **苏**:"请问,游叙弗伦,你打的是什么官司?你是被告还是原告?"[1]

游:"我是原告。我打这个官司,似乎是疯了。"

苏:"怎么啦?你告的是什么人,他像鸟一样长了翅膀吗?"

游:"他倒没有翅膀,他已经很老了。"

苏:"这个人到底是谁呢?"

游:"是我的父亲。"

苏:"是你的亲生父亲吗?"

游:"没错。"

苏:"究竟是什么官司?你告他什么呢?"

游:"杀人,苏格拉底。"

---

[1] 我使用了一些专业术语,其含义会在后面说明。——原注

苏:"天哪！不过,游叙弗伦,大多数人都不知道什么是对的,什么是错的。我觉得,一般人都不会认为你这样做是正确的。只有那些很有智慧的人才能看得透彻。"

游:"的确是的,苏格拉底,要有大智慧。"

苏:"那个被你父亲杀死的人是你家亲戚吧？其实我没必要问。这是明摆着的,你绝不会为了非亲非故的人去控告自己的父亲。"

游:"苏格拉底,你认为被杀害的人是外人还是亲戚是有区别的,这很荒谬。要知道,这里唯一该考虑的是杀人者做得对不对。如果他是对的,就随他去;如果他不对,即使他是你最亲近的人,也要控告他。如果你明知他杀了人却不去控告他,你就成了他的共犯。

"那个被杀的人是我家的一个雇工,我们在纳克索斯[1]种地时雇他干活。他醉酒发飙,杀死了我们的一个家奴。于是我父亲就把他捆绑起来,扔进了地窖,并派人去问裁判官[2]该怎么办。在这段时间里,我父亲没去理会那个杀人犯,觉得这种人死了也没什么大不了的。结果,这个人真的死了。这个杀人犯饥寒交迫,又被绳索捆绑,还没等询问裁判官的人回来就一命呜呼了。

"我控告我父亲犯了杀人罪,结果我父亲和全家人都很恼火。他们说,我父亲没有杀那个人。就算杀了,那也没什么大不了的,因为被杀的人自己就是杀人犯;而且,儿子控告父亲杀人是不虔诚的。你看,苏格拉底,他们并不知道什么是虔诚的,什

---

〔1〕 纳克索斯,希腊岛屿,位于爱琴海中西部。——译注

〔2〕 即解经师,在疑案中负责解释法律的官员。——原注

么是不虔诚的。”

从性质看，这个杀人案是轻微的和有争议的，所以对它的讨论并不涉及重大的道德原则。因此，讨论的重点不在于犯罪的轻重，而在于控告自己的父亲是否虔诚这个基本的问题。在此基础上，根据苏格拉底的思维习惯，继而要讨论什么是虔诚的，什么是不虔诚的。我们看到，游叙弗伦在这些问题上自诩权威，而苏格拉底的谈话使他的态度变得温和。找到虔诚的合理定义是很困难的，而这会影响对苏格拉底不虔诚的控告。苏格拉底立即回应了。

苏：“看在老天的份上，游叙弗伦，难道你真的确信，你能够清楚地分辨出是与非、虔诚与不虔诚？就你所说的这件事，你不怕控告自己的父亲是不虔诚的吗？”

5. **游**：“苏格拉底啊，如果我不能搞清楚这些东西，那游叙弗伦也就和普通人没什么区别了。”

苏：“游叙弗伦，你真了不起，我要拜你为师啊。这样的话，在我的案子开庭前，我就可以对米勒图斯说，我一生都在努力弄清是与非。他说我太鲁莽了，说我创造新神并误入歧途。而现在我就做你的门徒。我要对他说：‘啊，米勒图斯，如果你认为游叙弗伦在这方面有真知灼见，那你就要相信我也是正确的，请不要控告我。否则，你应该去控告我的老师而不是我，告他害了老人（就像你告我害了年轻人一样），告他教我错误的东西，还谴责和惩罚自己的父亲。’如果他不听我的，还是要控告我，或者没有控告我却又去控告你，我就会在法庭上用这番话来对付他。”

游:"说实话,苏格拉底,如果他控告我,我很快就能找出他的要害,那法庭辩论的矛头就会更多地指向他而不是我。"

苏:"亲爱的朋友,这一点我很清楚,所以我想做你的学生。因为我知道,不管米勒图斯还是别的什么人,都没有注意到你,而是紧紧盯着我,要控告我不虔诚。看在神的份上,把你刚才确信自己有真知灼见的事告诉我。对于杀人的事情和其他事情,什么是虔诚的,什么是不虔诚的?还是说,虔诚不是在所有情况下都一样的?不虔诚总是虔诚的对立面,是不是呢?所有虔诚的事情都有同样的理念,[1]是这样的吗?"

游:"当然是的,苏格拉底。"

6. **苏**:"那么告诉我,什么是虔诚,什么是不虔诚?"

游:"要我说,我现在所做的就是虔诚的,控告罪犯,无论他犯了杀人罪还是亵渎罪还是其他什么罪,哪怕这个人是你的父亲或母亲,也要控告他,而不控告这种人就是不虔诚的。我要给你提出可靠的证据,证明有个规则是成立的、是正确的。那就是,不能放过有罪的人,不管他是什么人。人们认为宙斯是众神中最善良、最公正的,说他把自己的父亲捆绑起来并切成几块,原因是他父亲吞食了自己的孩子。[2] 但是,我控告自己父亲犯罪,人们却责怪我。看来,他们自相矛盾,对神和对我的态度截然不同。"

---

〔1〕 理念,原文"idea",希腊文"ιδεα"。通常翻译为"理念"或"相",是柏拉图哲学的核心概念,柏拉图的哲学也因此被称为理念论。这个概念的含义十分丰富,一般认为,理念是指"由某种特殊性质所表明的类",是个别事物存在的依据,是事物的内涵和本质。——译注

〔2〕 宙斯的父亲克洛诺斯听到有个预言说,将来有一天他的孩子会推翻他的统治,于是他就吞食了自己的5个孩子。到宙斯出生时,克洛诺斯的妻子把宙斯藏起来,宙斯就幸运地活了下来。宙斯长大之后,带领奥林匹斯诸神战胜了克洛诺斯和其他巨人,将他们全都关进了冥府。——译注

苏:“可不是吗,游叙弗伦,这就是我被控告的原因。当人们说起诸神的这些事情时,我觉得很难过,这也正是他们谴责我的原因。

“现在既然你对这种事情了如指掌并且信以为真,那我们就要认可这些事,因为我对此一无所知。但看在友谊的份上,请告诉我,你真的相信那些事情吗?”

游:“真的,苏格拉底,而且还有更稀奇的事,一般人都不知道呢。”

苏:“那么,你相信诸神之间确实有过战争,他们势不两立、彼此争斗,以及其他类似的事,就像诗人所写的那样,就像我们在雅典娜大节[1]展出的挂毯上看到的那样。”

游:“不止这些,苏格拉底。就像我刚说过的那样,只要你愿意听,我可以给你讲一大堆有关诸神的事情,保准让你大吃一惊。”

7. **苏**:“我不会大吃一惊的。不过,你有空时再讲给我听吧。现在,如果你愿意的话,还是详细回答一下我刚才提出的问题吧。我问你什么是虔诚的,你只是回答说,你现在所做的事——也就是控告你父亲杀人——就是虔诚的。”

游:“我说的没错啊,苏格拉底。”

苏:“也许是的,但是,游叙弗伦,还有许多别的事情也是虔诚的,是吗?”

游:“的确。”

苏:“那么,你是不是还记得,我并没有让你告诉我什么事情是虔诚的,而是问你虔诚的事情有什么本质上的特征。因为

---

〔1〕 雅典娜大节,雅典人最重要、最隆重的节日之一,是祭祀女神雅典娜的节日,在这一节日上,雅典人进行音乐、史诗吟诵、体育等比赛,还有隆重的巡游、百牛大祭等宗教活动。——译注

你说过，依据普遍的理念，虔诚的事情就是虔诚的，不虔诚的事情就是不虔诚的。你不记得了吗？”

游：“我记得。”

苏：“那就请告诉我，这个理念是什么？我要盯住它，把它作为一个标准，这样我就可以判断你或其他人所做的事：如果与它一致，就是虔诚的，不一致就是不虔诚的。”

游：“好吧，苏格拉底，你要我说，我就告诉你。”

苏：“我要你说。”

游：“诸神喜爱的就是虔诚的，诸神不喜爱的就是不虔诚的。”

苏：“好极了，游叙弗伦，你这才回答了我的问题。至于你答得对不对，我还不知道。不过，你显然会证明自己说的是对的。”

游：“那当然了。”

在这里，我们有个问题需要讨论。游叙弗伦说，诸神喜爱的就是虔诚的，但在此之前，他还说，诸神常常争吵。[8.]人们争吵是因为观点不同，而争吵最多的是关于对与错的看法。既然诸神对一些事情的观点不同，那么他们在对与错这个问题上也一定有不同的看法。这样一来，一位神所喜悦的，却可能是另一位神所厌恶的。因此，同一件事可能既是虔诚的，又是不虔诚的。[9.]“所以，游叙弗伦，你并没有回答我的问题，那就是，虔诚和不虔诚之间的区别。你控告自己的父亲，也许会让宙斯高兴，但会让克洛诺斯和乌拉诺斯不高兴。”[1]

---

[1] 克洛诺斯是宙斯的父亲，乌拉诺斯是克洛诺斯的父亲。克洛诺斯推翻了父亲乌拉诺斯的残暴统治后，领导了希腊神话中的黄金时代，后来他又被自己的儿子宙斯推翻。——译注

游叙弗伦说,不义杀人者应该受到惩罚,诸神对此不会有分歧。苏格拉底说:“你可曾听人说过,做了不义之事的人不应该受到惩罚?人们不会这么说的,但是他们会争论这个人所做之事是否是不义的。人与人之间会争论是与非的问题,诸神之间也是一样。[10.]那么,请告诉我,亲爱的游叙弗伦,你怎么知道,你这样做是正确的呢?”游叙弗伦说:“要想解释清楚这个问题,需要很长时间。”“啊,”苏格拉底说,“看来你认为我比那些法官要愚钝,因为你觉得自己能够说服他们。”“是的,”游叙弗伦说,“只要他们愿意听我说。”[11.]苏格拉底说:“哦,他们会愿意听的,只要你说得在理。但是,即使你能够证明自己的观点,也还是没有回答我的问题。什么是虔诚,什么是不虔诚?我们还是回到这个问题上来吧。”

不过,他们开始从一个新的角度讨论这个问题。前面的讨论是从古希腊的多神论引申出来的,而他们现在要讨论的是宗教和道德基础的神学思想,这也是神学家们至今仍在讨论的问题。[12.]这就是:正确的事情,是因为被神喜爱而正确,还是说,因为是正确的,所以为神所爱?这里要说的这个词不是“正义”,而是这篇对话录讨论的主题——“神圣”,或者说是“虔诚”。但对于这个问题,最好还是按照我的陈述来理解。游叙弗伦要求解释说明一下这个问题,这样他才能弄明白。这样做了之后,他们就达成了共识,认为正确的事情之所以为神所喜悦,是因为它是正确的。之后,苏格拉底仍然要求,在不考虑是否为诸神所喜悦的前提下,对“什么是正确的”下一个定义。

游叙弗伦只得承认,他自己提出的推论——也就是他的“说法”——现在全都飘忽不定了,他对此感到十分迷惑和不解。

苏格拉底说，游叙弗伦像是代达洛斯，[1]他的论述总是在绕圈子。他说："如果我这么说，你可能会笑话我，但现在我要笑话你了。"游叙弗伦回答说："可是，是你让我的论证跑题了。如果不是因为你，它们才不会绕来绕去呢。"苏格拉底回答说："我比代达洛斯还要厉害呢。他只能让自己的作品转动，而我却能让你的论证转来转去。但实际上，这并非我的意愿。我并不想得到坦塔罗斯[2]的财富和代达洛斯的智慧，而是希望找到我们都能认同的说法。"

13. 苏格拉底指责游叙弗伦，说他太柔弱、太懈怠，不能全力以赴地讨论这个问题。接着，苏格拉底就向游叙弗伦提出另一个问题：所有的公正（或者用一个更恰当的词——正义）都是虔诚的，还是，并非所有的正义都是虔诚的，而只是一部分正义是虔诚的？游叙弗伦起初弄不明白这个问题，苏格拉底为了说清楚，引用了诗人斯塔希努斯[3]的诗句：

"宙斯啊，万物的创造者，他造就了我们的世界，你不敢称呼他的名字，因为哪里有恐惧，哪里就有敬畏。"

苏格拉底说："我不同意这位诗人的话。人们对自己不敬畏的东西感到恐惧，例如，贫穷。我认为，哪里有恐惧，哪里就有敬畏。人们敬畏正义，因此害怕作恶。恐惧的范围比敬畏要广泛。敬畏是一种恐惧，是恐惧的一部分，正如奇数是一种数字，是数字这个概念的一部分一样。那么，我们是否要说，有正义之

---

〔1〕 代达洛斯是第一位能创作眼睛睁开、手脚活动的雕像的雕刻家。《美诺篇》中也提到了他，其寓意与此处类似。——原注

〔2〕 坦塔罗斯，古希腊神话中主神宙斯的一个儿子，出身高贵，是一个著名的富翁。——译注

〔3〕 斯塔希努斯，古希腊诗人。——译注

处必有虔诚？还是说，有虔诚之处必有正义，但有正义之处不一定有虔诚，因为虔诚只是正义的一部分？”

接下来，游叙弗伦表示自己同意苏格拉底的观点。[14.]苏格拉底接着又提出一个问题：正义的哪一部分是虔诚的？

“要是你能告诉我，”他说，“我就可以让米勒图斯不要控告我不虔诚，因为我已经从你那里学到了什么是虔诚。”

游叙弗伦现在能够给出一个令自己满意的定义。他说：“虔诚是正义中侍奉诸神的那部分。正义的其余部分是用来照料人的。”

15. 苏格拉底也赞同这一点。

“但是，”他说，“还有一小问题。什么是对诸神的侍奉？侍奉诸神和照料马、狗、牛表达的是一个意思，照料是为了给被照料者带来好处。那么，侍奉诸神就是为诸神服务吗？你的服务给诸神带来了什么好处吗？你当然不是这么想的。那就请你告诉我，你所说的侍奉诸神是什么意思？”

游：“是指奴仆侍奉主人。”

16. **苏**：“这种侍奉就像是医生、建房者和造船工的工作一样。他们每个人都能取得一定的成果——健康、房子、船。那么，我们所做的这件无比荣耀的事——侍奉诸神，取得了什么成果呢？”

游：“哦，我们可以取得很多成果。”

苏：“那这些成果中最好的是什么呢？”

游叙弗伦的回答有些拐弯抹角，他的要点是，我们要通过祈祷和祭祀让诸神保佑个人、家庭和国家。

17. 苏格拉底以其惯用的诙谐语调认可了这个回答。

“你原本用三言两语就能回答我的问题,”他说,“可是明摆着,你并不想指教我。你只要再多说一些,我就知道什么是虔诚了。但我还是要紧跟着你。你说虔诚在于祈祷和祭祀。祭祀是向神敬献,祈祷是向神祈求。是吗?”

游:“对,你完全明白我的意思了。”

苏:“我太渴望向你学习了,你说的话我一句都不会错过。请告诉我,侍奉诸神指的是什么?是不是向他们敬献和祈求?”

游:“是这样的。”

18. **苏**:“正确的祈求就是祈求我们需要的东西,正确的敬献就是献出诸神需要的东西。”

游:“当然了。”

苏:“那么,虔诚就是人与神之间的交易?”

游:“对,如果你愿意,可以称之为交易。”

苏:“除非真是这样的,否则我可不愿意这么说。那就请告诉我,我们的敬献能给诸神带来什么好处?诸神赐予我们的东西,是显而易见的,因为我们所拥有的一切都是他们给予的。但他们能从我们的敬献中得到什么好处呢?还是说,我们在这桩交易中占尽了便宜,从他们那里获得了所有的好东西,但他们在我们这里却一无所获?”

游:“苏格拉底,为什么你觉得诸神要从我们这里得到好处呢?”

苏:“若是不然,你所说的我们向诸神敬献的东西是什么呢?”

游:“是荣耀、敬仰和感激,除此之外,你认为还能是什么呢?"

苏:"那么,游叙弗伦,虔诚就是对诸神感恩,而不是要给他们有用的或为其所爱的东西,是吗?"

游:"我认为虔诚是最为诸神所爱的。"

苏:"虔诚是诸神最喜爱的东西,是吗?"

游:"的确是的。"

19. **苏**:"要是这样的话,你会不会觉得自己的话总是游移不定?你说我像代达洛斯一样跑了题,但你是比代达洛斯还灵巧,兜着圈子说话。你不觉得这很奇怪吗?我们又回到了原点,难道你看不出来吗?刚刚我们说过,虔诚和为诸神所爱是两回事,难道你不记得了吗?现在你又说,它们是一样的。那么,我们要么是刚才弄错了,要么是现在弄错了。"

游:"看来是这样的。"

20. **苏**:"好吧,那我们就要从头开始,我绝不会放弃的。现在请你集中精力,告诉我真理。如果世上有人知道这真理的话,那人肯定是你。你就像是普罗透斯,[1]我要抓住你,不告诉我真理我就不放你走。如果你没弄明白什么是虔诚和不虔诚,你就不会控告自己的父亲。你会害怕,万一弄错了,就会冒犯了诸神,也会被人们耻笑。你肯定能回答我的问题,那就请说出来吧。"

游:"下次吧,苏格拉底。我还有事,要走了。"

苏:"啊?我的朋友,你这是怎么了?你这一走,我的希望

---

〔1〕 普罗透斯,古希腊神话中的波涛神,形如老翁,是荷马所称的"海洋老人"之一。他善于预言,但不会轻易作出预言。为了应付人们的追问,他经常变化外形,让人们捉不到他。只有追问者锲而不舍,逮到他紧紧抓住不放,他才会露出本相,说出预言。关于普罗透斯的典故出自荷马史诗《奥德赛》第4卷。——译注

就落空了。我盼着从你那里学习什么是虔诚的,这样就能摆脱米勒图斯的控告。我本想告诉米勒图斯,经过游叙弗伦的指教,我不会再对诸神的事情提出轻率和新奇的想法了,在余生中我要改过自新了。”

显然,这场对话的结局是,游叙弗伦失败了,他一直声称自己对“虔诚”这个主题理解得十分透彻,但苏格拉底的论证却使他迷失了方向。他只得借口要到别处去,以此来掩饰自己的困惑。

评　述

在这篇对话录的导论中，我提出了自己的看法，如果同意这种看法，就可以确定这篇对话录的发表时间和写作目的。阿斯特[1]认为，这篇对话录没有体现出柏拉图的高级思辨。根据我之前提出的观点，这种说法是没有说服力的。如果不允许柏拉图写出没有高级思辨的作品，那未免对他太苛刻了。而我认为，无论如何，柏拉图写这篇作品时所持的观点还是十分明确和清晰的。这部作品能阻止对苏格拉底的控告吗？恐怕我们要承认，它并不能阻止控告，只是有可能证明控告是不合逻辑的和不合理的。民众愤怒和厌恶的情感既不符合逻辑，也不合情理。不虔诚是很难界定的，但雅典人民(法官和陪审员都是人民)不可

[1] 阿斯特(1776年—1841年)，德国哲学家、语言学家、历史学家、美学家。——译注

能因此而放弃对不虔诚的控告。此外，在这篇对话录中，有许多地方似乎证实了，苏格拉底学派并不像古雅典人那样思考神。苏格拉底谈到了诸神之间的战争、他们的争吵，还谈到了诸神对某些事情——可能还包括是与非——的分歧。他在探究，究竟是，诸神喜爱正确的东西，因为它是正确的，还是说，正确的东西之所以是正确的，原因是诸神喜爱它们。对于普通民众，这样的探究让他们感到惊愕和恐慌，因为无论站在哪一边，都有可能被认为是不虔诚的。就像《美诺篇》中的阿尼图斯一样，许多人憎恨诡辩家，但他们更憎恨那些反对诡辩家的人。

因此，尽管《游叙弗伦篇》发表了，但反对苏格拉底的控告仍在继续，这并不奇怪。现在，我们来看看接下来发生了什么。

申辩篇

苏格拉底的申辩

我使用了“申辩”这个词来描述苏格拉底所做的最著名的辩护。但这个词与希腊文原文“απολογία”并不完全匹配,“ααπολογία”的意思是无可指摘的主张。

导　论

柏拉图在《游叙弗伦篇》中指出，对苏格拉底的指控过于模糊和不明确，不能作为控告的合理依据，但他的这种争辩是徒劳的。苏格拉底的控告者提出的证据，和控告本身一样，是不严谨和十分牵强的。然而，如果想到下面这一点，我们可能就不会那么惊讶了：在我们这个时代，无论是在民主国家还是在专制国家，提出对国家"怀有恶意"的控告时，其依据往往是非常不严谨的理由和对言语和事实牵强附会的解释。我们发现，苏格拉底引用的荷马和其他古代诗人的诗句，成了人们批驳他的根据之一。但我们要知道，从某种意义上说，荷马史诗是希腊人的《圣经》，说苏格拉底引用荷马的经典诗句来支持自己的异端学说，这种言论不仅有悖常理，而且也是不虔诚的。色诺芬为我们提供了控告者的一些论据，这些论据证实了上述言论。[1]

控告者说:“苏格拉底教导弟子们轻视自己的父辈。他说服那些信服他的人,说他能让他们比父辈更有智慧。他说,根据法律,要把疯子捆绑起来,即使这个疯子是自己的父亲;如果一个人在对道德无知的情况下做了这件事(或其他暴行),他就应该被明白人关进监狱。他认为,疯子应该被捆绑,而对道德无知的人应该被教导。”

控告者还说:“苏格拉底不仅让弟子们轻视自己的父亲,还让他们轻视其他亲戚。苏格拉底告诉他们,亲戚对他们毫无用处。比如,当他们生病时,或者当他们打官司时,亲戚都没用。在前一种情况下,他们需要医生,在后一种情况下,他们需要律师。”

控诉者还指责说:“苏格拉底说:‘朋友是无用的。如果他们不能给你带来好处,他们的友谊就毫无价值。只有那些知道什么是正确的并能教导你的人,才是有价值的。’因此,他说服年轻人,他是智者,能让人变得聪明。这样,他就让自己的弟子们认为,与他相比,其他人毫无价值。”

控告者还说:“他从最杰出的诗人那里挑出一些恶劣的语句,用它们作为论据,教导他的听众变得邪恶和暴虐。他引用赫西俄德[2]的诗句:[3]

没有什么工作是可耻的,唯有懒惰可耻。

---

[1] 色诺芬,《回忆苏格拉底》第1卷第2章。——原注

[2] 赫西俄德,古希腊诗人,可能生活在公元前8世纪,他以长诗《工作与时日》《神谱》闻名。——译注

[3] 这句话引自《查密迪斯篇》。——原注

他说，诗人劝诫我们不要逃避工作，无论这个工作是好是坏；我们做任何工作都是有好处的。”

“而且，”控告者说，“他还经常引用荷马史诗中关于奥德修斯[1]阻止希腊人撤退的一段话：[2]

> 他在狂乱的人群中看到一位酋长、一位贵族，他用亲切的话语把这个人从逃跑的人群中召回：‘先生，像你这样的人不应该恐慌，你要坚守岗位，管好逃亡的平民。’但是，当他看到平民中有人惊慌失措、大声喧哗时，他就用棍棒打他并斥责他：‘小子，你要安静，听长辈的教诲。他们有权教导你，而你是个奴隶和懦夫，在战争中毫无用处，在协商中更是无用。’

苏格拉底对这句话的解释是，诗人对殴打穷苦老百姓的行为大加赞扬。”

“还有，”[3]控告者说：“苏格拉底让他的同伴们蔑视法律。他说，用无记名选票(bean-ballot)来任命城邦的统治者是荒谬的，因为没人愿意用这种方式选出舵手、建筑工人、长笛演奏家或类似的人，而选择这些人时的失误远不如选举官员时的失误造成的危害大。”控告者说：“这样的言论让年轻人蔑视法律并成为叛逆者。”

控告者还说：[4]“克里提阿斯和亚西比德，他们是苏格拉底

---

[1] 奥德修斯，荷马史诗《奥德赛》中的主人公。——译注

[2] 参见《伊利亚特》。——原注

[3] 《回忆苏格拉底》第1卷第2章。——原注

[4] 《回忆苏格拉底》第1卷第2章。——原注

的同伴,却给国家带来了巨大的祸害。克里提阿斯是寡头统治时最残暴的人,亚西比德是民主政体中最傲慢、最专横的人。”

色诺芬解释说:“这些控告是多么不合理,多么无凭无据。而我要做的是,阐述柏拉图以苏格拉底的语气所做的申辩,所以我就不反驳这些控告了。”

在柏拉图的《申辩篇》中,苏格拉底在反驳米勒图斯和阿尼图斯的控告之前,用了相当长的篇幅谈论了之前的诽谤。他说,这些诽谤让雅典人早就对他有了偏见,其中最明显的(尽管不是唯一的)表现,可以在阿里斯托芬的喜剧《云》中找到。这部喜剧是在审判苏格拉底之前24年上演的,为了理解苏格拉底的辩护,有必要了解这部喜剧的主题。阿里斯托芬虽然是一位喜剧诗人,但他的作品往往非常粗俗。他自诩是雅典朴素传统的捍卫者,与新式的智者学派和诡辩学派[1]相对立。在这样做的时候,他自然而然地把苏格拉底当作思辨者和空谈者的领袖,却没有注意到,而且可能也不知道,苏格拉底的思辨与一般诡辩家的思辨有多么大的不同。于是,他把苏格拉底认定为诡辩家的代表。苏格拉底特殊的外貌特征在喜剧面具中被展现得淋漓尽致。为了表明,这些新学派所研究的都是些遥远而不重要的问题,作者将“云”作为剧中的歌唱队,这部戏剧的名字就出自这里。

阿里斯托芬的《云》是一部极具讽刺性和娱乐性的戏剧。其中的讽刺是十分夸张的。可以肯定,这部戏剧所嘲讽的性格特征与苏格拉底本人并不匹配,而且很有可能,这里所嘲讽的行

---

〔1〕 智者学派,亦称“诡辩学派”,指公元前5世纪至公元前4世纪以教授诡辩术和修辞学为业的一群学者。他们自称有智慧的人,以教授学问为业。——译注

为和观点也不出自任何人，或者至多是与某些人的行为和观点稍微有些相似而已。对于高明的漫画作家，即使漫画与原型之间相似之处很少，他们笔下生动活泼、引人发笑的漫画还是会把人逗笑。在我们这个时代，一些诗人的名字是众所周知的，但很少有人读过他们的作品，而这些诗人的作品的模仿诗却大受欢迎。当我们看到这些模仿诗时，例如，华兹华斯〔1〕和柯勒律治〔2〕的模仿诗集《被拒绝的演说》，〔3〕我们就知道这些作品和原作差异有多大。然而，在雅典的民众看来，喜剧诗人阿里斯托芬强调的那些特点，正是著名诡辩家也就是教育家的特点。在这些特征中，最主要的是教导人们"把较坏的说成是较好的"，还有，用不虔诚的精神去探究自然现象。前一个方面构成了这部作品〔4〕的主要情节。斯瑞西阿得斯，一位乡下的老绅士，来找苏格拉底，希望苏格拉底教他辩护，这样他就可以逃避债务。他申请加入"思想所"。当然，学校的物理学研究为滑稽表演提供了极好的素材。在该剧的开头，苏格拉底被罩在一个框子里，悬浮在空中。这大概是在用滑稽的方式来模仿神灵，神灵有时会被用来扭转悲剧情节。"哈，"斯瑞西阿得斯对为他开门的学生说，"吊篮里的那个人是谁？""那，"学者恭恭敬敬地说，"就是他本人。""他本人是谁？"斯瑞西阿得斯问道，他还没有被学校的虔诚感所触动。"是苏格拉底。"学生说。斯瑞西阿得斯叫住苏格拉底，问他在做什么。苏格拉底回答说，他在空中旅行并向

〔1〕 华兹华斯(1770—1850)，英国浪漫主义诗人。——译注

〔2〕 柯勒律治(1772—1834)，英国诗人、文评家，英国浪漫主义文学的奠基人之一。——译注

〔3〕《被拒绝的演说》，19世纪早期英国作家的滑稽模仿集，被认为是滑稽模仿文学的经典。——译注

〔4〕 指喜剧《云》。——译注

太阳提问。把教授悬浮在空中展示，大概是出于这样的想法：从表面上看说的是，这些人在研究天空和空气，而从比喻意义上看说的是，他们的推理没有坚实的基础。“气象学”一词描述了这门学问所进行的研究，不仅包括我们所称的气象学，还包括天文学，等等。“气象学”这个术语是“科学”这个词的词源，也是“流星”这个词的词源，它用来指代一切从地球上空升起的、与地球没有明显联系的事物。苏格拉底为自己的状态给出了理由。他说：“如果我不把自己的心思悬在空中并混在空气中，我就无法发现天体。”斯瑞西阿得斯说出了来这里的目的，苏格拉底就提议召唤云来帮忙，他说云是他的神。他接着解释了雷电现象。他说：“云朵旋转在一起，发出声响，这就是原因。”斯瑞西阿得斯，依据自己的传统观念，认为这种猜测是不虔诚的大胆行为，因为他认为，雷电是宙斯放出来的。他固执地问道：“那是谁在逼着云朵旋转呢？难道不是宙斯吗？”“不，”苏格拉底说，“是空气的转动在推着它们运行。”“所以，”斯瑞西阿得斯感叹道，“宙斯已经不在了，现在旋风成了王了。”这种关于不虔诚的暗示一次又一次地被提出，这必然会对公众的看法和情绪产生很大的影响。学校所谓的物理探究还受到了其他的嘲弄。一位学者在谈到他们解决问题的方法时，深表赞叹：“一只跳蚤从查尔丰[1]的眉毛跳到苏格拉底的头上，它的身长是脚长的多少倍呢？”他说：“他们把跳蚤抓起来，把它的脚浸在融化的蜡里，晾干后把蜡从脚上脱下来，然后量一下。”在这部剧里，查尔丰多次和苏格拉底一起出现，而且他似乎和苏格拉底一样有名气。斯瑞西阿得斯的儿子斐狄庇得斯起初拒绝成为学校的学生。“如果我

[1] 查尔丰，《云》的主要人物之一，苏格拉底的朋友和狂热崇拜者。——译注

这样做了，”他说，“我就会变得像查尔丰一样面黄肌瘦。”

马拉松之战的士兵们所接受的雅典旧式教育与新式教育形成了鲜明对比，这里提出了两个奇怪的人物形象——“好的旧事业”和“坏的新事业”，讽刺了以坏显好的技巧。“好的旧事业”对自己的对手说：“你让孩子们穿暖和的衣服，[1]这样他们就不方便在公共场合运动了。”“你们这些年轻人，”他又对听众说，“支持我这个‘好的旧事业’吗？你们要远离集市，不要在温水中洗澡，遇到可耻的事情要脸红。如果有人嘲笑你们，你们就勃然大怒。你们要给长辈让路，要听父母的话，不要说自己的父亲是老朽，不要做卑鄙的事，要让节制成为你们的守护女神。”他的对手嘲笑他说：“如果你这样做，你就会被称为胆小鬼。”“好的旧事业”不理睬他，接着描述了这样做能够获得的好处——健康、强壮、活力和无忧无虑。“但是，如果你们追随新风尚，你们就会变得软弱、多嘴、恶毒、爱打官司。而他，我的对手，会教你们把错的说成是对的，把对的说成是错的。”

“坏的新事业”不知道该说些什么来为自己辩护。这场争吵充满了幽默和讽刺。“至于温水浴，”“坏的新事业”说，“这些地方不是通常被称为‘赫拉克勒斯浴场’[2]吗？至于公共场所，荷马的英雄们不是经常去阿哥拉[3]集市吗？至于节制，从节制中能得到什么呢？想想吧，听从他的建议你们会失去许多

---

〔1〕 暖和的衣服由于太厚而不适宜运动。——译注

〔2〕 赫拉克勒斯浴场，赫拉克勒斯是古希腊神话中的大力神，以力大无比和无所畏惧而闻名。他神勇无比，完成了12项被认为是“不可能完成”的任务，这些任务是对身体、精神、意志和智慧的考验。据传说，每次完成一项任务后，他都要去洗一次温水浴，以便恢复体力，“赫拉克勒斯浴场”因此得名。——译注

〔3〕 阿哥拉，原意为集市，是城市中心的露天广场，古希腊和古罗马时期商业交易、行政、社交、文化的中心。除此之外，这里还是人们谈论政治和哲学、结交朋友的场所。——译注

乐趣。但是,如果你们接受我的帮助,即使你们放纵了自己的情欲,被人抓了现行,你们也可以为自己辩护。”这些推理包含了许多细节和典故,在此无法一一列举。事情的结局是,“好的旧事业”被要求看看听众,说说在场的是圣人多还是罪人多。这回他输了,承认自己被打败了。

最终,由于“坏的新事业”胜利了,年轻人斐狄庇得斯被送到苏格拉底那里学习。他学习了新技艺。很快,付诸实践的机会来了,因为还债的日子到了,他父亲的债主们跑来讨债。这些债主被无理的诡辩打败了,父亲因此十分很高兴。然而,他的满意并没有持续多久,因为他儿子开始殴打他,并用刚刚学到的辩论术为自己辩护。这让父亲忍无可忍。他说:“你和苏格拉底,还有你们的歪曲逻辑,都一起堕入无底深渊去吧。”“云啊,”他对合唱队说,“你们为什么不早点警告我呢?我这个乡下老头,一直都很信任你们啊!”这些云朵从来不说滑稽可笑的话,而总是用优美的诗句来表达作品的寓意。它们说:“我们就是这样做事的。每当我们看到一个爱做错事的人,我们就让他自生自灭,这样他就可以从磨难中学会敬畏神灵。”“唉,”父亲叹息道,“你们真是严厉,但又很公正!”但是,如果不向邪恶的查尔丰和苏格拉底报仇,他是不会满足的。他要求儿子帮忙,但儿子不愿意陷害自己的老师。父亲就以宙斯之名恳求他。儿子说:“谁是宙斯?”他提起苏格拉底之前讲过的知识,又说:“宙斯已经不在了,旋风才是至高无上的。”估计是,儿子在认可这种观点后,就在门前摆上了一个物件,取代了通常摆放的墨丘利[1]的雕

---

〔1〕 墨丘利,罗马十二主神之一,是众神的使者,也是畜牧、商业、交通、旅游和体育之神。——译注

像。这个物件代表旋风，可能是一个大罐子，所以被称为“旋风”。[1] 父亲说：“我相信苏格拉底，为此抛弃了自己的神，我是多么傻啊！”然后，他决定用武力为自己报仇。他召集了奴隶，找来梯子、锄头和火把，攻击了苏格拉底的房子，也就是我们之前说过的“思想所”。学生们看着他，问他在干什么。他回答说：“我在你们的房梁上分析逻辑。我在你们的屋顶上空遨游，向太阳提问。”苏格拉底惊呼，说自己要闷死了。查尔丰说，自己要被烧死了。而斯瑞西阿得斯则说，他们是罪有应得，因为他们冒犯了诸神。

在《申辩篇》中，读者会看到苏格拉底对这个滑稽画面的评论，以及这个场景对雅典人思想的影响。

关于苏格拉底还有其他一些要点，《申辩篇》中已经提到并叙述得很充分，这里就不必多作介绍了。阿基纽塞海战后，苏格拉底反对以非法的方式对待10位船长，自己也因此卷入灾祸之中。他拒绝参与“三十僭主”的暴行，这使得他面临生命危险。苏格拉底讲述这些事件是为了说明，参与公共事务而不惹祸上身，那是不可能的。毫无疑问，他在这些场合表现出来的不屈不挠的精神，一定会使人们厌恶他，因为他不愿意迎合周围人的感觉和需求。

我已经说过，由于苏格拉底与克里提阿斯和查密迪斯等人的关系，他被怀疑有专制的倾向。苏格拉底被控告时，他究竟作了什么辩护呢？

色诺芬说：[2]“我要讲述的关于苏格拉底的事，是从希波尼

---

[1] “旋风”和“罐子”在希腊语是一个词。——译注
[2] 《回忆苏格拉底》第4卷第8章。——原注

库斯[1]的儿子赫摩杰尼斯[2]那里听到的。米勒图斯对苏格拉底提出控告时,赫摩杰尼斯听苏格拉底谈论了许多事情,却唯独不谈诉讼,他就对苏格拉底说,最好考虑一下如何辩护。苏格拉底回答说:'好吧,但是,我的一生都在为辩护做准备,你不这么看吗?'赫摩杰尼斯问道:'你是怎么辩护的呢?'苏格拉底回答说,他的一生只做正确的事,从不做错误的事,他认为这就是准备辩护的最好方法。赫摩杰尼斯又说:'苏格拉底,雅典的法官们处死了许多没有做错事的人,原因是这些人的言论冒犯了法官们,但这些法官却让有罪之人逍遥法外,这些难道你没看到吗?'苏格拉底回答说:'事实上,赫摩杰尼斯,好几次当我开始考虑如何向法官辩护时,我的神灵都阻止了我。'赫摩杰尼斯说:'你让我大吃一惊。'苏格拉底回答说:'神认为,现在是我结束生命最好的时候,你对此感到惊讶吗?在我看来,到目前为止,还没有人比我过得更好、更愉快,这你知道吗?因为我认为,那些最关注善并努力使自己变得善的人,活得最好;而那些最能意识到自己在向善方面取得进步的人,活得最愉快。而我就是这样的。观察那些和我在一起的人,把我自己和他们比较了一下,我相信事实确实如此。不光我自己,而且我的朋友对我也是这么看的,但这并不是因为他们爱我,而是因为他们认为,与我为伴,他们也会变好。

"'现在,如果我多活些时日,可能年老的弊病就会降临到

---

〔1〕 希波尼库斯,雅典的军事指挥官,非常富有。——译注

〔2〕 赫摩杰尼斯,生活在公元前5世纪至公元前4世纪的雅典,哲学家。根据柏拉图和色诺芬的著述,他是苏格拉底的密友。也有人说他是苏格拉底的老师之一。柏拉图将他列入目睹苏格拉底被判处死刑的人的名单中,色诺芬也在《苏格拉底的辩护》中引用过他的话。——译注

我身上。我的视力会减退,听力会变差,智力会下降,学习兴趣会降低,记忆力会减退,在自己先前所擅长的事情上日渐衰退。如果我不能察觉到这些,那我活着就毫无价值。而如果我察觉到了,那我的生活就变得不那么有意义、不那么愉快了。

"'如果我蒙冤而死,这对置我于死地的人来说是一种耻辱。但对我来说,别人不能辨别是非,不能做正确的事,我有什么可耻的呢?在过去的人身上我看到,做错事的人和受冤屈的人留下的名声是千差万别的。我知道,如果我被处死,后人对我和迫害我的人的看法一定是截然不同的。我知道,人们会为我作证,证明我从未伤害过任何人,也从未使任何人变坏,我总是努力使那些和我在一起的人变好。'"

色诺芬在《苏格拉底的申辩》和《回忆苏格拉底》中对苏格拉底的辩护的描述,在许多方面与柏拉图的《申辩篇》是一致的。特别是,他们都提到,在苏格拉底的发言冒犯了听众时,有人窃窃私语。[1]

关于阿尼图斯,我们在色诺芬的《苏格拉底的申辩》中可以看到一些记述。"苏格拉底被宣判死刑后,看到阿尼图斯离开,苏格拉底说:'这个人非常高兴,好像他把我置于死地是做了什么了不起的事。他担任城邦的最高职位时,我说他不应该把自己的儿子培养成一个皮革匠。他真是瞎了眼,竟然不知道在我们两个人中,他是善行永存的征服者。荷马告诉我们,即将离开人世的人有预言的本领,所以我现在要说出一个预言。我和阿尼图斯的儿子在一起的时间不长,在我看来,他似乎并不缺乏精

〔1〕 关于苏格拉底的申辩,有不同的版本,主要是柏拉图的《申辩篇》和色诺芬的《苏格拉底的申辩》。

神力量。因此,我认为他不会继续从事他父亲给他安排的卑贱的职业。之后,由于他没有严肃的追求,他会被低级的欲望所左右,在邪恶的道路上越走越远。’结果,正如苏格拉底所说的那样。这个年轻人嗜酒如命,没日没夜地喝酒。阿尼图斯把儿子教养得如此之坏,死后仍然背负着恶名。”

申辩篇

1. “雅典人啊,你们对控告我的人有何感想我不得而知。而我,在听了他们所说的话后,已经认不出自己了。他们说得天花乱坠,但没有一句是真话。他们信口雌黄,最令我吃惊的是,他们竟然警告你们要小心提防,以免被我这个能说会道的演说家骗了。他们这样说真是太鲁莽了,事实会证明他们错了。你们很快就会发现,我并不是什么雄辩家,除非他们认为说真话的人就是雄辩家。如果他们真是这么想的,那我就承认自己是个雄辩家,但绝不是他们说的那种。这些控告我的人,如我所说,根本不说真话。我所说的句句都是真理,而不像他们那样用华丽的辞藻夸夸其谈,我会直截了当地说出实话。毫无疑问,在我这个年纪,不该像个孩子似的在你们面前胡扯。可是,雅典人啊,我恳请你们,在我申辩时,如果你们听到我在市场柜台边常说的话,请不要见怪,也不要喧闹。因为实际情况是,虽然我已经七十多岁了,但这是我第一次上法庭,所以我不懂法庭上说话的规矩。如果我用从小习惯了的腔调和方式说话,你们就当我是一个外邦人,原谅一下我吧。我向你们提出一个我自认为是合理的请求,那就是,对于我说话的方式,不管是好是坏,请不要在意,你们只注意我说的对不对就好了。因为,公正是审判者的美德,正如说实话是申辩者的美德一样。

2.“那么,雅典人啊,我首先要反驳最初的控告和控告者,然后再来对付之后的控告和控告者。这些年来,有很多人到你们那里控告我,这些控告都是诬告。比起阿尼图斯等人,我更害怕这些人,虽然阿尼图斯已经很可怕了。可是,雅典人啊,你们大多从小就被他们蒙蔽,他们对我恶言相向,一句真话都没有。他们说,有个叫苏格拉底的人,是个聪明人,他上知天文,下知地理,还伶牙俐齿,能把坏的说成是好的。雅典人啊,这些人到处说我的坏话,实在太可恶啦,因为听到这些谣言的人会认为,这种钻研天上地下事物的人是不信神的。他们很久以前就在诬陷我了,你们当时还是孩童或少年,再加上无人替我申辩,你们很容易就相信了这些流言蜚语。更荒唐的是,我压根就不知道那些控告者的名字,只知道其中一人可能是个喜剧诗人。这些人出于嫉妒和恶意在你们面前中伤我,或是自己听信谣言后又到处散布,他们实在很难对付。我无法让他们到法庭来对质,所以我在申辩时,就像是跟影子打架,提出质疑也无人应答。请你们注意,我说过,有两拨人控告我。一拨是最近告我的,另一拨很久以前就告我了。我要先反驳后面那一拨,因为你们最先听到的是他们的控告,他们的声势也更浩大。

“那好吧,我必须要申辩,尽快消除你们心中一直以来对我的偏见。但愿一切顺利,我能申辩成功,这样对你们和对我都有好处。我知道这是很难的。我会遵从神的意旨,遵守法律,为自己辩护。

3.“我们从头说起,看看米勒图斯控告我的罪状是什么。他控告我的是什么呢?我们可以写出这样一份诉状:‘苏格拉底做了不义之事,他整天钻研天上和地下的各种事情,强词夺理,把坏的说成是好的,还以此来误导他人。’大概就是这样,就像你们在阿里斯托芬的喜剧《云》中看到的那样。那里就有一个苏格拉底,吹嘘自己能腾云驾雾,还满口胡言,说了许多稀奇的东西,那些东西都是我闻所未闻的。我这么说,并不是看不起那些东西,[1]有人可能对此擅长。米勒图斯可别拿这个来告我!雅典人啊,喜剧里的那些事情和我毫无关系。我请你们替我做证。你们很多人都听过我谈话,我请你们交流一下,谁听我说过这类事情,哪怕是一点点,都可以说出来。从这个事情上你们就可以判断出,所有针对我的控告其实全都是诬陷。

4.“你们若听到有人说,我教导他人,还收了钱,这也是胡说。我认为,如果能教导他人,像雷昂底恩的高尔吉亚、[2]开俄斯的普罗迪库斯[3]和埃利斯的希皮亚斯[4]那样,这倒是一种非常令人钦佩的才能。诸位啊,他们这些人到各个城邦去教导年轻人,说服那里的年轻人追随他们并且付钱给他们,还对他们

---

〔1〕 这里指的是关于自然的知识,苏格拉底不研究自然。——译注

〔2〕 高尔吉亚(约公元前483年—前375年),古希腊哲学家、修辞学家、智者,西西里岛人。——译注

〔3〕 普罗迪库斯,古希腊哲学家、文法家、修辞家、怀疑主义者。他是苏格拉底的导师之一,也是诡辩学派的代表人物之一。他生卒年代不详,学者推测他出生于公元前460年以前。——译注

〔4〕 希皮亚斯(公元前400年前后),希腊哲学家、数学家,生于伯罗奔尼撒西北部的埃利斯城。他是诡辩学派晚期的主要人物。——译注

感激不尽。而这些年轻人本可以和自己的同胞交往，还无须支付任何费用。我听说雅典还有一位智者，是帕洛斯[1]人。我最近偶然遇到一个人，他在智者们身上花的钱比谁都多，这个人就是希波尼库斯的儿子卡利亚斯。[2] 他有两个儿子，我因此就问他：'卡利亚斯，如果你的儿子是小马或小牛，我们就能雇个人照管他们，使他们成为有用之才。但你的儿子是人，那该由谁教导他们，才能使他们成为好人、好的公民呢？为了自己的儿子，我想你一定考虑过这个问题吧。到底有没有这样的人？''当然有。'他说。'他是谁？是哪里人？要收多少学费？''这个人是尤纳斯[3]，'他说，'他是帕洛斯人，收费是 5 米纳。[4]'这个尤纳斯要是有这种本事，能把人教得这么好，那他真是个有福气的人。如果我有这本事，我一定会感到自豪。可是，雅典人啊，我确实不行。

5. "也许有人会打断我说：'可是，苏格拉底，你到底是怎么回事呢？对你的诬告是怎么来的？要是你和大家一样，没有做过分的事，绝不会有这么多关于你的流言。请告诉我们，你到底干了些什么，免得我们瞎猜。'如果有人这样说，我倒觉得这话说得有理。我尽力向你们说清楚，是什么给我带来了坏名声。那么，请听我说。或许有人会认为，我是在开玩笑，但我保证，我对你们说的都是实情。我之所以遭人诋毁，是因为我有某种智

---

[1] 帕洛斯，希腊的一个海岛。——译注

[2] 卡利亚斯，富翁希波尼库斯的儿子，雅典的一位显赫人物，生活于公元前 5 世纪前后，也是一位喜剧诗人。他一生挥霍无度，最后死于贫穷。——译注

[3] 尤纳斯，古希腊哲学家和诗人，生活在公元前 5 世纪的，与苏格拉底大致同时代。柏拉图在《斐多篇》《斐德罗篇》《申辩篇》中曾多次提到他。他教学收了很多钱，同时也很受尊敬。——译注

[4] 米纳，古希腊货币单位，1 米纳等于 100 德拉克马。——译注

慧。是什么智慧呢？这是一种人类的智慧，我只有这种智慧。我刚才说的那些人，也许有超越人类的智慧。对此我说不出什么，因为我确实不懂。如果谁说我懂，那就是在撒谎，就是在诋毁我。所以，雅典人啊，如果你们觉得我口出狂言，也请不要见怪。这些话不是我说的，而是来自你们信任的一位权威人士。我恳请在德尔斐〔1〕颁布神谕的神来做证，看看我是否有智慧，有什么样的智慧。你们知道查尔丰吧。我俩打小就是伙伴，你们中大多数人都认识他。他和你们一起被流放，又和你们一起回来。〔2〕你们知道查尔丰是个什么样的人，他做事一向是不遗余力的。有一次，他到德尔斐去求神谕，竟向神谕提出这样一个问题——哦，诸位，请不要喧哗——他问，是否有人比苏格拉底更有智慧。皮提亚的女祭司〔3〕回答说，没有人比苏格拉底更有智慧。现在查尔丰已经死了，但他的弟弟还在，他能向你们证明这件事。

6. “你们想想看，我为什么要说这些话？原因是我想告诉你们，对我的诬告是从哪里来的。听到神的话后，我心想：神是什么意思，他要说的是什么？我知道自己没有智慧，大智慧和小智慧都没有。神说我是最有智慧的人，这是什么意思呢？这话不会是假的，因为神绝不会说谎。在很长一段时间里，我都没能弄明白神的意思。最终，我不得不想办法去探究一下。我拜访

---

〔1〕德尔斐，古希腊重要的圣地，位于古希腊中部，是通往奥林匹亚和雅典的重要交通枢纽。这里供奉着著名的阿波罗神，传说德尔斐神谕在这里颁布。——译注

〔2〕公元前404年，查尔丰和其他民主人士一起被“三十僭王”放逐，并于公元前403年返回，但在公元前399年苏格拉底受审前去世。查尔丰叙述了德尔斐神谕的观点，即没有人比苏格拉底更聪明。——译注

〔3〕皮提亚的女祭司，指的是古希腊德尔斐的女祭司，是在阿波罗神殿发布神谕的女祭司。——译注

了一位据说是很有智慧的人，想证明神谕是错的，这样我就可以回应说：‘至少在这里就有一个人比我有智慧，而你却说我是最有智慧的人。’我见了这个人——名字就不提了，他是个政治家。雅典人啊，我对他了解清楚了。和他谈话后，我发现，许多人——尤其是他自己——都认为他很有智慧，但实际上他并没有什么智慧。于是，我试着告诉他，他自以为很有智慧，其实不然。结果，他对我很不满，在场的许多旁观者也开始讨厌我。回过神来，我这样想：我比这人有智慧；因为，我俩都不知道什么是真正的善和美，但他不知道却自以为知道，而我，虽然不知道，却不自以为知道；所以在这方面我比他强，也就是说，我不会自以为知道自己本不知道的事。后来我又探访了另一个人，据说此人更有智慧，但结果是一样的，我就把这个人和其他人都得罪了。

7.“在这之后，我又一一拜访了那些有智慧的人。我很苦恼，也害怕遭人怨恨，但我还是要把神的差事放在首位。为了弄清神谕的真意，我必须继续去找那些以智慧著称的人。雅典人啊，我必须对你们说实话，我得出了这样一个结论。那些名气大的人几乎都缺乏智慧，而那些没什么名气的人似乎更有智慧。我要告诉你们，我四处奔波，饱尝艰辛，就是为了证明那句神谕是无可反驳的。在看过政治家之后，我又去探访诗人——悲剧诗人、酒神诗人和其他诗人。我想，在诗人那里，我可以看出自己比他们无知。我拿出他们精心创作的诗歌，详细询问，想要从中学到些东西。雅典人啊，我实在羞于开口告诉你们真相，但我又不得不说。几乎所有在场者都能讲出诗歌的含义，而且比诗人本人讲得好。这样，我很快就得明白了，诗人创作诗歌靠的不是自己的智慧，而是某种灵感。这就如同预言家和先知，他们能说出许多美妙的话语,却不知道那是什么意思。在我看来,诗人也是这样。同时我发现,诗人由于会写诗,所以就自以为在其他方面也更有智慧,但其实不然。于是我就告别了他们,我觉得自己比他们强,就像比政治家们强一样。

8. “最后我去找工匠。我知道,在他们的领域我几乎一无所知,因此我认为,我会发现他们知道很多美好的东西。在那里我没有失望。他们知道我所不知道的东西,所以他们比我更有智慧。可是,雅典人啊!我发现工匠和诗人有同样的毛病。他们因为有一技之长,个个都自以为在其他方面也很有智慧,而他们的这种自负遮蔽了他们的智慧。于是,我问自己,我愿意像现在这样,既不拥有他们的智慧,也不像他们那样愚蠢,还是要像他们一样,两者兼而有之。我对自己和神说,我还是像现在这样为好。

9. “雅典人啊,这一番考察的后果是,很多人对我深恶痛绝,很多人污蔑我。我还获得了‘有智慧’的称号,因为当我说别人对某事无知时,旁人就会认为我在那方面是很有智慧的。其实,雅典人啊,唯有神才真的有智慧。那句神谕的意思是,人类的智慧价值不大,甚至可以说是一文不值。那句神谕并不是针对我——苏格拉底,而只是借用了我的名字,就好像在说:世人啊,苏格拉底才是最有智慧的人,因为他知道自己的智慧毫无价值。

“所以,我还在四处奔波,遵照神谕去探访我认为有智慧的公民和外邦人。要是我发现这个人没什么智慧,我就用此来证明那个神谕是正确的。我一直忙于这件事,没有时间参与公共事务,也无暇处理私事。我专心为神服务,所以非常贫穷。

10. “除此之外,有一群年轻人,是富家子弟,十分清闲,他们跟随我,喜欢听我问别人问题,还常常模仿我,去向别人提问。我想,他们看到,许多人自以为知道很多,但实际上知之甚少或一无所知。结果,被年轻人盘问的人十分不满,怨恨我而不是那些年轻人。他们口口声声说,可恶的苏格拉底,把年轻人都教坏了。如果有人问,苏格拉底到底做了什么,是怎么把年轻人教坏的?他们就答不出来了,因为他们根本不知道。但为了自圆其说,他们就搬出一大堆人用来指摘哲学家的话来,说什么'上知天文、下知地理''不相信神''把坏的说成是好的'。当然,他们不会说实话。很明显,他们假装知道,但实际上一无所知。他们爱惜自己的名誉,野心勃勃,又声势浩大。他们异口同声地攻击我,长年累月地在你们的耳边说着诬陷我的话。这样一来,米勒图斯、阿尼图斯和吕孔就跑来攻击我。米勒图斯为诗人们出气,阿尼图斯为工匠们和政治家们报仇,吕孔为演说家们抱不平。所以,正如我先前说过的那样,要是我能在这么短的时间内消除你们心中根深蒂固的成见,那简直就是个奇迹。雅典人啊,事情的真相就是这样的。无论大事小事,我都告诉了你们,没有任何隐瞒和歪曲。我知道,我这样做会招来怨恨。而这正好也证明了,我受到诬告的根源是我说了真话。你们现在或将来去调查一下,就会发现事实确实如此。"

柏拉图以苏格拉底的口吻生动地描绘了苏格拉底的性格和举止,即使苏格拉底本人并没有这样说,这种描绘也很可能是十分准确的。我们很容易就发现,苏格拉底步步紧逼的推论和接连不断的盘问,让老派、沉静的雅典人产生了急躁的情绪。我们可以看到,雅典人把自认为是反宗教的观点强加在苏格拉底身上,为他们厌恶苏格拉底找到了理由。苏格拉底在这里描述的哲学领悟，似乎更像是柏拉图这样的弟子所写，而不是他自己在法庭上宣布的。要知道，这种言论至少可以追溯到24年前，也就是阿里斯托芬的《云》登上雅典舞台的时候。对该剧的详细介绍更适合文学和哲学领域，而不是法庭审判。但这部剧似乎能证实我的观点，那就是，《申辩篇》不是写给雅典法官的，而是写给后人的。在辩词的这一部分，我们看到，审理此案的法官是民主派，他们曾被“三十僭主”流放。苏格拉底说：“查尔丰和你们一起被流放，又和你们一起回来。”苏格拉底对民主政体是持怀疑态度的。现在我们来看看辩护词中更有说服力的部分。柏拉图用对话的形式展示了这部分内容。

11.“对于第一拨控告我的人，我的申辩已经很充分了。接下来，我的申辩要针对米勒图斯——他自称是热爱城邦的人——以及和他一起控告我的人。和刚才一样，我们来看看他们的诉状。上面是这样说的：‘苏格拉底有罪，他教坏了年轻人，他不信城邦的神，而是信奉新的神灵。’这就他们的诉状，现在我们仔细研究一下。米勒图斯说我作恶多端，教坏了年轻人。而我要说，他才是作恶多端，因为他把正事当作儿戏，随便到法庭控告他人，对自己满不在乎的事情，他也装出热情洋溢的样子。事实就是这样的，我会证明给你们看。”

12.“来吧，米勒图斯，告诉我，把我们的年轻人教好，你对这件事十分关心，是吗？”

米：[1]“我是十分关心这件事。”

苏：“那么，请你告诉在场的诸位，是谁把年轻人教好的。

[1] 指米勒图斯，下同。——译注

这你显然是知道的，因为这是你十分关心的事。目前看来，你已经发现是谁教坏了年轻人，这就是你控告我的原因。那就请向大家说说，是谁在教年轻人学好。

“你看，米勒图斯，你沉默不语，说不出什么了。这不是很丢脸吗？这就证明了刚才我说过的话，你根本不关心这件事，不是吗？来，告诉我，是谁在教年轻人学好呢？”

米：“是法律。”

苏：“我问的不是这个，我的好先生。我问的是，是什么人？当然，这种人必须要懂得法律。”

米：“是这些审判官，苏格拉底。”

苏：“你说什么，米勒图斯？审判官能教导我们的年轻人吗？能把年轻人教好吗？”

米：“当然能。”

苏：“是他们都能，还是他们中一些人能、一些人不能？”

米：“他们全都能。”

苏：“赫拉[1]在上，有这么多人来帮助我们教导年轻人，这真是太好了。还有，那些听众呢？他们也能把青年人教好吗？”

米：“他们也能。”

苏：“那元老们呢，他们怎么样？”

米：“他们也能教得好。”

苏：“那些参加公民大会的人呢，他们会把年轻人教坏吗？还是他们全都能把年轻人教导得很好？”

米：“他们全都能把年轻人教好。”

---

〔1〕 赫拉，古希腊神话中的第三代天后，司掌婚姻和生育的女神，是宙斯的姐姐和第七位妻子，奥林匹斯十二主神之一。——译注

苏:“看来,除我之外,所有的雅典人都能把年轻人教好。只有我一个人在毒害年轻人,你是这么说的吧?”

米:“我就是这么说的。”

苏:“你这么说,可让我倒了大霉。回答我一个问题:对于马来说,情况也是如此吗?是不是所有的人都在使马变好,而只有一个人把马带坏了?还是相反,只有一个人或几个人——比如驯马师——才能使马变好,而大多数人,如果使用马、与马在一起,就会把马带坏?米勒图斯,不但是马,其他牲畜也都如此,是吗?当然是的,不管你和阿尼图斯是否承认这一点。对我们的年轻人来说,如果只有一个人把他们教坏,而其他人都在教导他们变好,那会是一件非常幸运的事情。但很明显,米勒图斯,你对年轻人向来都漠不关心。你假借这件事控告我,但你自己对这个问题却一无所知。”

13. 接下来的论证还是以对话的方式展开。苏格拉底问米勒图斯,和好人在一起是不是要比和坏人在一起好。接着苏格拉底争辩说,他绝不会故意把雅典青年教坏;如果他在无意中这样做了,那也不应该惩罚他,而是应该通过劝导来纠正他。在法庭上,他的这种申辩没有什么用处。

14. 接下来,我们来讨论关于苏格拉底不信奉城邦的神的指控。

“你控告我说,”苏格拉底对米勒图斯说,“我教坏了雅典的年轻人,教他们不要信奉城邦的神,而要信奉另外的新神。这就是你对我的控告,说我带坏了年轻人,是不是呢?”

米:“我就是控告你这个。”

苏:“那么,米勒图斯,当着诸神的面,请你向我和在场的各位说清楚,你是说,我虽然信神,但不信奉城邦的神,并且还把这一套教给别人,还是说,我压根不信神,还教唆他人也不信神?”

米:“我说的是,你完全不信神。”

苏:“啊,你太奇怪了,米勒图斯,你怎么能这么说?我和其他人一样,相信太阳和月亮是神,难道不是吗?”

米:“不,各位。他说太阳是石头,月亮是泥土。”

苏:“亲爱的米勒图斯,你这是在控告阿那克萨戈拉,[1]而不是我啊。你以为在场的各位都很无知,克拉佐美尼的哲学家阿那克萨戈拉的作品中充满了这种话,他们会不知道吗?这些书,年轻人花一个德拉克马[2]就能买到,你竟然说,他们是从我这里学到了这些东西!如果我自称这种奇谈怪论是我发明的,年轻人就会嘲笑我。宙斯在上,你真的认为,我不信神吗?”

米:“你不信神,完全不信。”

苏:“你的话没人相信,我看,就连你自己都不信。雅典人啊,我觉得,米勒图斯这个人狂妄自大、极度傲慢,他年少轻狂,冒冒失失地写下了这个诉状。他编了一个谜题、设了一个陷阱,他的想法是:‘我倒要看看,这个聪明的苏格拉底会不会发现,我在说自相矛盾的话玩弄他?我会不会把他和其他听众都骗了?’他的控告自相矛盾,好像在说:‘苏格拉底作恶多端,他既不信神,又信神。’这太荒唐了。

---

〔1〕 阿那克萨戈拉(公元前498年—前428年),古希腊哲学家、自然科学家。他是爱奥尼亚克拉佐美尼人,公元前464年来到雅典。他研究自然科学,否认天体是神圣的,认为天体和地球在性质上是类似的。由于提出这些违反传统宗教的观点,他被指控宣传邪说,以“不虔诚”的罪名被驱逐出雅典。——译注

〔2〕 德拉克马,古希腊货币单位。——译注

15.“诸位,我们来看看,他是不是这么说的。米勒图斯,请你回答吧。雅典人啊,就像一开始我请求你们的那样,如果我用自己习惯的方式讲话,请不要喧闹。”

苏格拉底接着论证说,相信存在人类事物的人,一定相信人的存在,因此,相信神圣事物存在的人,也就必然会相信神的存在。这样的话,既然说苏格拉底相信他自己的神,那他就一定是信神的。

而且,正如米勒图斯所说,精灵或半神是众神的孩子,他们的母亲是宁芙[1]或凡人女性。那么,相信精灵而不相信神,就像相信骡子是马和驴的后代而不相信马一样,是十分荒谬的。

这些辩论似乎更适合对哲学家说,而不适合用在法庭上。听众在窃窃私语,却没人回答这个问题。苏格拉底在这部分辩护的最后说,他已经反驳了米勒图斯的指控。

16.“但是,”他接着说,“正如我前面说过的,人们对我深恶痛绝。如果我被定罪,缘由正在于此,而不在于米勒图斯和阿尼图斯。嫉妒和诽谤害了许多好人,而且还会害更多的好人。这种情况不会到我为止的。”

接着,我们进入《申辩篇》中一个引人注目的部分,在这部分中,苏格拉底说出了他在这条道路上继续走下去的原因和感受。

---

[1] 宁芙,古希腊神话中次要的女神,也被称为仙女,居于山林、原野、泉水、大海等地,是自然幻化的精灵,和天神结合能生出神的不朽的后代。——译注

"也许有人会说:'苏格拉底,你卷入这件事,招来杀身之祸,难道你不感到羞愧吗?'对于这样的人,我要回答说:'哦,这位,如果你认为,一个有价值的人会计较危险和生死,而不是考虑自己所做的是对还是错、是好人之举还是坏人之举,那你就错了。按照你的说法,死在特洛伊[1]的半神们都做错了。在忒提斯[2]的儿子[3]看来,比起耻辱,危险算不了什么。'当他要杀死赫克托耳[4]为帕特罗克洛斯[5]报仇时,他的女神母亲说:

'噢,儿子,如果你为朋友报仇,杀死赫克托耳,你自己也会死。'

因为,她又说:

'赫克托耳一死,马上就轮到你了。'

"他不畏惧死亡,不愿苟且偷生,他怕的是不能为朋友报仇。他说:

---

[1] 特洛伊,古希腊时代的一个城邦,位于小亚细亚半岛西北部。公元前1184年,这里发生过著名的特洛伊战争,荷马史诗《伊利亚特》和《奥德赛》中有关于希腊人与特洛伊人打仗的故事。——译注

[2] 忒提斯,古希腊神话中的海洋女神。——译注

[3] 这里指的是阿喀琉斯,希腊神话中的英雄。在荷马史诗中,阿喀琉斯是海洋女神忒提斯和凡人英雄珀琉斯所生之子。阿喀琉斯体格健壮、武艺超群,作为希腊军的一员参加了特洛伊战争。在战斗中,阿喀琉斯英勇无比,立下了赫赫战功。

[4] 赫克托耳,特洛伊的王子。在荷马史诗《伊利亚特》中,他参加了特洛伊战争,和阿喀琉斯决斗,落败而亡。——译注

[5] 帕特罗克洛斯,阿喀琉斯的好朋友,也是一位希腊英雄。在特洛伊战争中,他穿上阿喀琉斯的盔甲,代替阿喀琉斯冲锋陷阵,结果被赫克托耳杀死。——译注

‘只要能向那个恶棍讨回血债，我可以立刻去死，我不愿留在船上让人嘲笑，也不愿成为大地的累赘。’〔1〕

“你们认为他在乎危险和死亡吗？

“雅典人啊，真理就是如此。一个人在自己的岗位上，不管这个岗位是他自愿选的，还是上级任命的，我认为，他都要不顾危险坚守在那里，不考虑死亡，也不要有其他顾虑，除了耻辱和荣誉，什么都不顾忌。

17. “雅典人啊，对于我，如果我做不到这一点，那是多么可耻啊。在波提蒂亚、安菲波里和德利安，〔2〕我像其他士兵一样，在你们派出的将军的指挥下，冒着生命危险坚守岗位。而如今，我知道并相信，神派给了我一个岗位，那就是让我去追求智慧，去省察自己和他人。如果我因为怕死或其他原因而脱离了岗位，那我可真是做了可怕的事。那样的话，任何人都可以把我送到法庭去受审，控告我不信神，因为我不服从神谕、贪生怕死，还没有自知之明。

“雅典人啊，害怕死亡，其实就是没有智慧却自以为有智慧。没有人知道死亡是什么，也没有人知道死亡是不是人类最大的幸福。人们害怕死亡，只是因为他们认为死亡是最大的灾难。明明不知道却自以为知道，这岂不是极其可耻的无知？在

---

〔1〕 这段话是这样的：我愿放弃生命，不再与凡人为伍。我只求杀了赫克托耳，用我的长矛刺中他，用他的生命为帕特罗克洛斯复仇。忒提斯流着泪对他说：“既然如此，我的儿子，你的生命就要结束了。赫克托耳死了后，就轮到你了。”阿喀琉斯满腔愤怒地说：“既然我已不再是好友的救护者，我愿意立即去死。我不愿留在尘世的船上，成为无益的负担。”参见《伊利亚特》第十八章。——原注

〔2〕 波提蒂亚、安菲波里和德利安均为古希腊地名，苏格拉底曾在这些地方服役。——译注

这方面，我也许和其他人不同。如果说我在什么事上有智慧，那就在于此。我不知道冥界的事情，我就认为自己不知道。但我知道，行不义，违背善道，对神或对人做坏事，那是邪恶的和可耻的。所以，我害怕和逃避的只是那些我确信是邪恶的事，而不是那些我不知道但没准是很好的事情。

“阿尼图斯说，要么一开始就不要把我抓来审判，要么，既然我已经被抓来了，就不能不处死我，因为如果放了我，你们的孩子们就会照着我教的去做，这会彻底毁了他们的。而现在，如果你们不理会阿尼图斯，放了我，并且对我说：‘哦，苏格拉底，我们不听阿尼图斯的话，我们放你走，但有一个条件，那就是，你不能再考察这些东西，不能再寻求智慧。如果我们发现你还在做那些事，你就死定了。’如果这就是你们释放我的条件，那我就会回答说：‘雅典人啊，我敬爱你们，但我要服从的是神而不是你们。’只要我一息尚存，只要我能做到，我就要继续寻求智慧，就要劝勉你们，我要把真理告诉自己遇到的人，用自己习惯的口吻对他们说：‘哦，优秀的朋友，你是雅典人，是最强大、最有智慧的城邦的公民，你只想着获取钱财、追求名誉，不关心、不追求真理，也不想升华自己的灵魂，你难道不感到羞愧吗？’如果有人与我争辩，说自己对这些事情是在意的，那我不会放走他，我自己也不会走开，我要询问他、考察他。如果我发现，他并没有这种美德，却硬说自己有，那我就要责备他，说他本末倒置，看重的东西都是没价值的，而忽视了最有价值的东西。对于我遇到的每个人，无论老少，也无论本邦人还是外邦人，我都会这么做。而对于你们，我就更要如此，因为你们是我最亲近的人。要知道，是神吩咐我这样做的。而且我相信，服从神能给城邦带来最大的好处。我在这里唯一的任务就是劝你们，无论老少，不要把身家财产看得像灵魂一样重要。我要提醒你们,财富不会产生美德,而美德会带来财富和其他一切私人的和公共的福利。如果我说的这番话会教坏年轻人,那这些话就是有害的。但如果有人说,我教给年轻人的不是这些,那他就错了。所以,雅典人啊,我要说,不论你们是否听阿尼图斯的话,不管你们是否放过我,我都要做这件事,虽百死也不悔。”

我们可以设想,面对这种坚定的反抗,在场的审判官一定会因不满而喧闹起来。苏格拉底注意到了这一点。

18.“雅典人啊,刚才我说过了,请不要对我大叫,请安静地听我说。这些话对你们是有好处的。我还要对你们说些其他的,你们听了后可能会叫喊起来,但请你们克制一下。

“要知道,如果你们杀了我,我指的是我这种人,那这对你们自己的伤害就远远大于对我的伤害。米勒图斯和阿尼图斯伤害不了我。没人能伤害我。坏人害不了好人。也许有人可以杀死我,或把我流放,或使我受辱,也许他认为这对我是巨大的伤害。但我不这么认为。我认为,像他这样乱杀无辜只会给自己带来最大的伤害。所以,雅典人啊,我现在的申辩绝不是为了我自己,我是在为你们申辩,免得你们给我定罪,错误地对待神赐的礼物。因为,如果你们把我处死,你们就很难再找到我这样甘愿献身城邦的人。(打个比方,这个比方可能有些奇怪,但很恰当)这个城邦就像一匹强壮而高贵的马,因为高大而行动懒散,需要牛虻刺激才能振作起来。神让我到这里来,就是要充当这种角色,让我守在你们身边,用劝说和责备来唤醒你们。像我这样的人,你们是很难找到的。如果你们能听进去我的话,就放了我吧。你们也许会感到恼怒，就像那些熟睡时被喊醒的人一样，也许会像阿尼图斯说的那样，摆脱我、杀了我。那样的话，除非神眷顾你们，再给你们派一个我这样的人，否则，你们就要在沉睡中度过余生了。

“我这样的一个人，是神赐给这个城邦的，这一点你们可能已经看出来了。我所做的事情，绝不是常人能做到的。多年来，我不顾自己的私事，一心一意为你们忙碌。我关心和帮助你们每一个人，像父亲和兄长一样，敦促你们修身养德。如果我确实有所得，通过劝导你们获得了报酬，那我这样做还说得通。而现在，你们自己也看到了，那些控告我的人虽然无耻地诬告我犯了各种罪行，但不敢说我为自己所做的事勒索或取得报酬，对此他们完全没法证明。而我却有足够的证据证明自己说的是真话，这就是我非常贫穷。

19.“我到处奔波，私下为人们出主意，却从不在公众集会上对城邦的事务提出建议，这看起来似乎很奇怪。这其中的原因是，正如我多次对你们说的那样，我受到了神圣的精灵的启示，米勒图斯在控诉中还嘲讽过这件事。这个神灵的声音，我从小就能听到。它常常警告我，阻止我去做自己想做的事，但从不催促我去做什么事。我不参与公共事务，就是因为它反对我这么做。要知道，如果我参与公共事务，我早就死了，这对你们和我自己都没好处。我说的是实话，你们不要生气。要是有人反对你们、反对其他民众，阻止城邦中错误的和非法的事情，那他就很难保命。真正为正义而战的人，如果想活下去，就要私下干，而不能去参与公共事务。

20.“对此，我会向你们提出关键的证据，不是用言语，而是用你们十分看重的东西——事实。请听一听我的遭遇吧，这样你们就会知道,我不会因为怕死而背信弃义。为了正义,我宁死不屈。我要讲的这件事很普通,和法律有关,而且是真实发生的事。

“雅典人啊,我在元老院当过议员,除此之外没有担任过别的公职。我在安提阿基亚部族[1]当主席时,你们要审判10位船长,因为他们在一场海战[2]中没有运回阵亡将士的尸体。你们这样做是违法的,这一点后来你们自己也承认了。[3] 当时的主席中,只有我一人反对你们做这件非法的事,投了反对票。那些演说家打算弹劾我,要逮捕我,你们也喧哗怂恿。但是,我决心冒着风险捍卫正义,我不愿因为害怕被捕或死亡而与你们同流合污。

“那时正是城邦的民主政治时期。等到了寡头政治时,‘三十僭主’派人把我和另外4个人召到议事厅,命令我们去萨拉米斯[4]把赖翁[5]抓来,要把他处死。他们当时发出了很多类似的命令,想让大家跟着他们一起犯罪。当时,我用行动而不是用言语表明,我宁愿死(如果这样说不算粗鲁的话),也绝不做这种不义的、邪恶的事。因为那个政府虽然强大,但却没有吓到

---

〔1〕 当时希腊的阿提卡被划分为10个部族,安提阿基亚是阿提卡的10个部族之一。每个部落族派出50人,共500人组成“五百人议会”,任期1年。“五百人议会”的职责是为公民大会提供法案,执行公民大会的决议,也审理重大案件。每36天由一族元老当主席,1年内轮流一圈。——译注

〔2〕 这里指的是阿基纽塞海战。——译注

〔3〕 审理阿基纽塞海战船长时,原告要求法庭同时审理这些船长,不必按照法律规定个别审判,其用意在于置被告于死地。当时,苏格拉底刚好在“五百人议会”中任职,而且,审判当天,他担任主席。苏格拉底提出,审理程序违反雅典法律。——译注

〔4〕 萨拉米斯,古希腊的一个海岛。——译注

〔5〕 赖翁,一个非常正直的人。“三十僭主”曾胁迫苏格拉底,让他判处赖翁死刑,但苏格拉底坚决反对。“三十僭主”杀害了很多无辜的人,处死赖翁尤其受到关注,引起人们极大的愤恨。——译注

我,不能逼我去做不义之事。我们离开议事厅后,另外4个人去萨拉米斯抓赖翁,而我却回家了。要不是那个政府很快垮台了,我可能会因此而丧命。关于这件事,很多人可以向你们作证。

21.“那么,你们想想,如果我担任公职,做个好人,处处都维护正义,我还能活到现在吗?根本不能,雅典人啊,不仅是我,其他人也不能。

“在我的一生中,无论是处理私事,还是履行公职,我都是始终如一的。我从不向任何错误的事妥协,无论是对那些诽谤我时指称是我弟子的人,还是其他什么人。其实,我从来都不是任何人的老师。对于我的言行,如果有人愿意听我讲讲,无论老少,我从不拒绝。我不会收了钱就讲、收不到钱就不讲。对所有的人,不论贫富,我都会为他们效劳,回答他们的问题,他们也可以回答我提出的问题并听我解释。我的这些听众变好了,或者没有变好,我都不应该对此负责,因为我从来没教过他们什么,也没有许诺过要教他们什么。如果有人说,他私下从我这里学到的或听到的,是别人不知道的东西,那你们一定要明白,他说的不是真的。

22.“那么,为什么会有人花大量时间和我在一起呢?你们听到了,雅典人,我已经把事情的全部真相都告诉了你们。人们喜欢听我盘问那些自以为聪明的人,因为这确实有趣。而这件事,是神派我去做的,神向我发出神谕,托梦于我,用神向人传达命令的方式指派我。

“雅典人啊,确实如此,这很容易检验。因为,如果我正在教坏年轻人,而且过去也教坏过年轻人,那么他们中一定有人已经年老了,会发现自己在年轻时被我害了,那现在他们就会来控告我、报复我。即使他们自己不这样做,他们的亲人,父亲、兄弟和其他亲戚,也会记恨我的。现在我看到,他们中好多人[1]都在这里。这里有克力同,[2]他和我同龄,又是同乡,他是克力同布鲁斯[3]的父亲。还有斯菲提俄斯[4]的吕萨尼亚,[5]他是埃斯基涅[6]的父亲。还有克菲西欧[7]的安提弗,[8]是厄比格涅[9]的父亲。还有其他人,他们的兄弟经常和我来往。有索塔提斯的儿子尼哥斯特拉图,也是狄奥多特斯的兄弟,不过狄奥多特斯死了,就不能阻止他的兄弟告我了。还有德莫多克的儿子帕拉罗斯,也是西阿奇斯的兄弟。这里还有阿里斯托的儿子阿底曼图斯,他的兄弟柏拉图你们也看到了。你们还可以看到亚安多罗斯,他的兄弟是阿波罗多罗斯[10]。还有好多人,米勒图斯应当让他们出来作证。如果他忘了,现在他还可以提出。我允许他这么做,如果他有这样的证人,就让他说出来吧。但是,诸位啊,你们会发现,事实上适得其反,这些人都会帮我说话,而米勒图斯和阿尼图斯却说,我教坏了这些人的亲戚。那些被我教坏了的人也许会替我说话,但是那些我没有教过的人,也就是年轻人的那些亲戚,他们为什么要支持我呢?这里只有一个正当的理由,那就是,他们知道,米勒图斯说的是假

[1] 苏格拉底提到了很多人,这些人当时都在现场,是苏格拉底的乡邻、朋友和学生。——译注

[2] 克力同,和苏格拉底同属一个部族,据说资质平庸,但比较富有,是苏格拉底的好友。他还出现在柏拉图的对话录《克力同篇》和《斐多篇》中。——译注

[3] 克力同布鲁斯,克力同的儿子,据说是个很傻的孩子。——译注

[4] 斯菲提俄斯,一个部族的名称。——译注

[5] 吕萨尼亚,苏格拉底的崇拜者,没有在别处出现过。——译注

[6] 埃斯基涅,苏格拉底的崇拜者,也出现在柏拉图的对话录《斐多篇》中。——译注

[7] 克菲西欧,一个部族的名称。——译注

[8] 安提弗,苏格拉底的崇拜者,没有在别处出现过。——译注

[9] 厄比格涅,苏格拉底的崇拜者,也出现在柏拉图的对话录《斐多篇》中。——译注

[10] 阿波罗多罗斯,苏格拉底的崇拜者,出现在柏拉图的多个对话录中,但都只是边缘人物。——译注

话,我说的是真话。

23.“那么,诸位,这些话,也许还有些别的类似的话,就是我为自己的申辩。你们有些人也许会感到不快,因为回想起自己的经历,自己曾在打一桩比我这个小得多的官司时,哭哭啼啼地哀求审判官,并让自己的孩子和许多亲友到法庭上求情,而我虽然处境极其危险,却没有这样做。有人看到我的情况,就恼羞成怒,气愤地投了反对我的票。现在,如果你们中有这样的人——尽管我不相信会有,但如果有的话——我就要去劝劝他,我会说:善良的朋友,我也有家人,我的父母也是人。就像荷马所说的,‘我不是从古老橡树或岩石上生出来的’。我也有亲人,雅典人啊,我有三个儿子,一个已经成年,另外两个还小。但我不会让他们到你们面前替我求情。为什么呢?雅典人啊,不是因为我骄傲,也不是因为我看不起你们。至于我怕不怕死,那是另一个问题了。但是,为了我的、你们的和整个城邦的名誉,以我的年纪和声望,我是不应该那样做的。无论如何,大家都还认为苏格拉底是一个与众不同的人。我曾见过,你们中一些被认为在勇气、智慧或其他德性方面出类拔萃的人,尽管享有盛名,但在法庭审判时却表现得极其卑鄙。他们认为死亡是非常可怕的灾难,好像只要不被判死刑,他们就永远都不会死。他们这样做,在我看来,真是让城邦蒙羞。而外邦人看到他们的行为就会说,这些优秀的、被赋予荣誉和权力的雅典人,竟然和女人一样软弱。雅典人啊,我们当中但凡有一点声望的人,都不应该做这种事情,你们也不应该允许我们这样做。你们应当明确表态,该被判有罪的,是装可怜、让城邦丢脸的人,而不是一声不吭的人。

24.“除去名声好坏的问题外,我觉得,哀求法官以求得免罪,而不是劝导和说服法官,这是不对的。因为法官坐在审判席上,不是要赏赐正义,而是要裁判正义。法官发誓说,不能按一己之见法外施恩,而是要依据法律做出裁决。因此,我们作为被告不应该让你们养成背弃誓言的恶习,你们也不应该有这种恶习,否则,我们双方都是不虔诚的。所以,雅典人,你们不要让我做不体面、不正确、也不虔诚的事。特别是现在,米勒图斯正在控告我不虔诚,可别让我这么做。因为很明显,如果我哀求着说服你们违背誓言,我就是在教你们不信神。这样的话,我在为自己申辩时,也就认可了对我的控告,承认自己犯了不信神的罪。但事实却并非如此。我是信神的,那些控告我的人都不如我更相信神。我请你们和神来裁判,这样对你们和对我都是最好的。"

人人都能感觉到,苏格拉底的申辩有种崇高的基调,这与他的性格是一致的。但同样显而易见的是,正如他自己所预料的,这样做一定会激怒法官。法官人数众多,容易引起民众的共鸣,而且这些法官对被告不敬重他们的态度十分敏感。在申辩的这一阶段,法官们就苏格拉底是否有罪进行了表决。有 281 票认为被告人有罪。少数票为 275 票,只比认定有罪的票少 6 票。如果多数派中有 3 人投了相反的票,苏格拉底就会被无罪释放。尽管不利因素很多,但如果不是自愿放弃,他本可以被无罪释放。色诺芬指出,柏拉图也同样认为,如果没有苏格拉底的干扰,他的朋友们本可以让他获释。我们已经看到,苏格拉底认为,在当时的情况下,他是必死无疑的。

我们设想一下这个程序,投票、计票、宣布结果,苏格拉底被判决有罪。下一步是确定刑罚。原告在控告书中说,应判处死刑。但雅典的法律允许被定罪者提出其他的刑罚，法庭在两个提议中选择其一做出裁决。苏格拉底就这一点向法官们陈述。他的基调没有改变，他仍然是肯定自己、劝诫听众。这听上去很刺耳，法官们一定会做出严厉的裁判。我们从苏格拉底的评论中得知，在这种情况下，原告并非没有风险。如果米勒图斯没有获得 1/5 的选票，他就得支付一笔数目不小的罚款。[1]

25. “雅典人啊，你们判我有罪，我对此不会感到恼怒。这有很多原因，其中主要的一点是，这样的结果在我的意料之中。令我吃惊的是正反两方的投票数，我没有想到分歧会这么小。我原以为大数人都会反对我，而现在看来，只要有 3 票改投，我就会被无罪释放。单就米勒图斯的控告而言，我已经无罪了。显然，如果不是阿尼图斯和吕孔也来告我，米勒图斯就得不到 1/5 的支持票，那他就要被罚 1000 德拉克马。

26. “米勒图斯要求判我死刑。那么，雅典人啊，我该提出什么惩罚呢？当然，要提出我应得的惩罚。那么，我该受什么惩罚、该付出什么代价呢？我一辈子都忙着学习，不关心公众事务，不图钱财，不顾家业，不求官职，不领军作战，不参与公共事务和党派之争。我认为自己过于忠厚老实，参与那些事情就会送命。我从不去做那些对你们和我自己都无益的事情，而是私下与你们交往，为你们效劳，尽全力做对你们有好处的事。我逐个劝说你们，不要关注身外之事，而要关注自身，要使自己成为善良和有智慧的人，不要关心城邦的利益，而要关心城邦自身。

---

[1] 按照雅典的法律，控告他人者，如果得不到审判官总数 1/5 的支持票，就会被判诬告，须支付 1000 德拉克马的罚金。——译注

我就是这样一个人,那我该得到什么呢?当然是好的东西。雅典人,如果你们公正地评价我的话,就应该让我得到我配得上的好东西。我是你们的恩人,是一个需要有闲暇时间劝导你们的人,那我应当得到什么报酬呢?对我这种人,最合适的报酬就是在政府大厅[1]里用餐(为城邦做出巨大贡献的人在那里就餐)。与奥林匹亚运动会的获胜者相比,我这样的人更有资格获得这种奖赏。因为,那些胜利者只是让你们扬扬自得,而我能教你们如何获得真正的快乐。他们衣食无忧,而我连饭都吃不起。因此,根据我的功绩,我应得的处罚是,在政府大厅用餐。

27. "我这样说的时候,你们也许会觉得,我像刚才一样,表现得太骄傲了。雅典人,其实并不是这样的。实际上,我确信自己从未伤害过任何人,但是我无法让你们也这样认为,因为我和你们谈话的时间太短。我相信,如果你们有一条法律,像其他地方一样,规定关于死罪的审判不得在一天之内作出判决,而是要用几天时间裁决,那我就能说服你们了。但现在,对我的诽谤已经根深蒂固,很难在这么短的时间内消除。我确信,我从来没有对任何人做过不义之事,所以我也不会对自己做不义之事,不会给自己判定惩罚。我有什么可害怕的呢?有什么可怕的事情逼迫我这样做吗?对于米勒图斯提出的刑罚,我都不知道是好是坏,难道我会害怕吗?从我明知道是坏的事情中选出一种来处罚自己,难道我要这样做吗?难道我应该选择监禁吗?我被关在监狱里,受当权者的摆布,为什么要那样呢?还是选择罚款,

[1] 在雅典,政府大厅是举行公宴的地方,在这里招待立功的将领、奥林匹亚赛会的胜利者等显贵人物。——译注

在付清前要被关进监狱,是吗？那结果还是一样的,因为我没钱支付罚款。我要选择流亡吗？你们也许会接受这个提议。雅典人啊,对于我的言谈举止,你们——我的同胞们——尚且不能忍受,讨厌和忌恨它,想要摆脱它,那其他人能接受得了吗？不可能的,雅典人！而我,即使再贪生怕死,也不会糊涂到连这一点都看不出来的地步。我在这样的年龄还被放逐,从一个城邦到另一个城邦,一个接一个,这种生活是多么美妙啊！因为我知道,无论我到哪里去,年轻人都会来听我谈话。要是我轰他们走,他们就让自己的长辈赶走我。如果我不轰他们,他们长辈也会为了他们而把我赶走。

28.“也许有人会说:‘苏格拉底,你离开我们,换个地方待着,闭上嘴,安安静静地过日子,难道不行吗？’我不能那样做。关于这个问题,要让你们理解我,也许是世上最难的事。如果我对你们说,我不可能沉默不语,因为那样做就是违背神的旨意,那你们一定不相信我,你们会认为我是在胡说。如果我又说,人所能做的最大的好事就是,天天谈论美德,谈论那些你们听到我经常讲的事情——对我自己和其他人的考察,我认为,没有这种考察的生活是没有价值的,那对于这些,你们就更不信了。诸位,尽管我很难让你们相信,但事实确实如此。

而且,我并不认为自己应受到任何惩罚。如果我有钱,我就会提议,缴纳一笔我能付得起的罚款,因为这不会给我带来什么伤害。可是我没钱,除非你们愿意罚我很少的钱。也许我能付1米纳,那我就把罚款定这么多。但是,雅典人啊,柏拉图、克力同、克力同布鲁斯和阿波罗多罗斯建议我把罚款定为30米纳,说他们可以作担保。那我就提议罚这么多,他们对这笔钱也担保得起。”

法庭再次投票表决，多数票主张判决死刑。苏格拉底接着说：

29.“雅典人啊，用不了多久，那些想要诽谤这座城邦的人就会谴责你们，说你们杀死了智者苏格拉底。那些骂你们的人会说我是有智慧的人，虽然我并没有什么智慧。如果你们再等一段时间，你们希望的事情自然就会发生。因为，看我这把年纪，年事已高，离死亡不远了。我这话不是对你们全体人说的，而是对那些投票判我死刑的人说的。我对这些人还有几句话要说。诸位，也许你们认为，虽然为了获释我什么都愿意做，但我还是被定罪了，这是因为我理屈词穷而不能说服你们。事实远非如此。我输了官司，不是因为言辞匮乏，而是因为我不够厚颜无耻，说不出那些你们想听的话。我不愿意哭哭啼啼地哀求，不愿说有损自己人格的话，而听别人说这种话，对你们来说已经司空见惯了。当初，我认为，不该因为危险而做自由人不该做的事，而现在，我也不后悔为自己申辩，我宁愿死也不愿苟且偷生。因为，无论是在法庭上还是在战争中，无论是我还是任何其他人，都不应该为了活命而不择手段。在战争中，很明显，只要放下武器，向敌人求饶，就可以死里逃生。面对各种危险，如果什么都敢做、什么都敢说，逃生的办法多的是。但是，诸位，逃离死亡并不难，难的是逃离邪恶。邪恶比死亡跑得快，因此更难逃脱。我年迈又迟缓，快要被两者中较慢的那一个——死亡——追上了。但是控告我的人，虽然敏捷又聪明，却被较快的那一个——邪恶——追上了。现在我被你们判处死刑，就要走了，而他们却要被真理审判，被判处邪恶和不义之罪。我接受对我的惩罚，他们也要受到对他们的惩罚。事情就是如此，这样的安排是最好的。

30.“现在,判我死刑的人们啊,我想为你们作个预言,因为我快要死了,此时最适合作出预言。杀我的人哪,我告诉你们,宙斯在上,你们很快就要受到惩罚,而且这种惩罚远比你们对我的处罚要重。你们对我做这种事,以为这样就可以不必交代自己的所作所为。但其实,要我说,结果适得其反。今后要你们交代的人会更多,现在我一直拦着他们,所以你们还不知道。这些人还年轻,对你们会更严厉,你们也就会更加愤怒。如果你们认为,杀人能够阻止别人指责你们,那你们就大错特错了。用这种方法来逃避,既不可能,也不光彩。有一个更好、更容易的方法,那就是不要去堵别人的嘴,而是要管好自己。判我死罪的人,这就是我临走前留给你们的话。

31.“另外,对于投票主张无罪释放我的人,趁着官吏们正忙着,在我还没去刑场前,我想谈谈刚才发生的事。请你们再待一会儿,我们可以聊一下。我想把你们当朋友,告诉你们,刚刚发生的事究竟意味着什么。那么,各位法官——我要称你们为法官才对——这件事很奇妙。以前,在我遇到坏事时,无论事情多么小,陪伴我的精灵总是会向我发出信号警示我。现在,大家都认为我遭遇了最大的坏事,但那个精灵却没有发出信号阻止我。在我到法庭时,在我辩护时,它都没有阻止我。而在平时,我说话时常常被它打断。但在这件事上,对我的一言一行,它从未反对过。这是为什么呢?对此我怎么看呢?让我来告诉你们吧。我认为,这次遭遇对我来说是好事,而有些人认为死亡是坏事,他们肯定是错了。我有充足的证据证明这一点,那就是,如果我要做的不是件好事,那我熟悉的信号一定会出来警告我。

32.“我们有充分的理由认为,死亡很可能是一件好事。因为，死亡无疑就是以下两者之一：要么，人死了就什么都不是了，死人没有任何知觉；要么，就像人们所说的那样，死亡就是灵魂从这里转移到另一个地方去了。如果死亡是毫无知觉的，像无梦酣睡一样，那死亡一定是件美妙的事。如果让人挑选一个沉睡而且不做梦的晚上，拿来与其他的日日夜夜比较，让他说说，有多少个日夜，能比那天晚上更好、更舒服，我认为，任何一个人，哪怕是伟大的国王，[1]都会发现，比那天晚上更美好的时日是屈指可数的。如果死亡是这样的，那我认为死亡就是件好事，因为死后的全部时间不过是一个夜晚而已。但是，诸位，如果死亡是通往另一个地方的通道，如果如人们所说，所有死去的人都在那里，那么，还有比这更美好的事吗？一个人到了冥府，离开这里所谓的法官，会在那里遇见真正的主持正义的法官，有米诺斯、[2]拉达曼迪斯、[3]埃阿科斯[4]和特里普托勒摩斯，[5]还有其他生前为人正直的半神，这种转变怎么可能会是凄惨的呢？要是能见到俄耳甫斯、穆赛俄斯、赫西俄德和荷马，[6]你们是不是会不惜代价？如果真能这样，我愿意死去好多次。如果能见

---

〔1〕 这里指波斯国王。希腊人认为，波斯国王拥有无数的财富和强大的帝国，所以他是世界上最快乐的人。——译注

〔2〕 米诺斯，希腊神话中的半神，宙斯和欧罗巴的儿子。他是克里特岛的统治者，生前以公正严明而闻名，克里特在他的统治下富庶发达。他死后成为冥界三判官之一。——译注

〔3〕 拉达曼迪斯，希腊神话中的半神，宙斯与欧罗巴的儿子，米诺斯的哥哥，克里特岛的第一代国王。他的弟弟米诺斯和海神波塞冬勾结，夺取了他的王位。他死后成为冥界三判官之一，并与弟弟米诺斯和解。——译注

〔4〕 埃阿科斯，希腊神话中的半神，宙斯与河流女仙埃癸娜的儿子。他生前以公正和虔诚闻名，死后成为冥界三判官之一。——译注

〔5〕 特里普托勒摩斯，希腊神话中的半神，得墨忒尔女神的祭司，阿提卡地区厄琉息斯的国王克琉斯的儿子。——译注

〔6〕 俄耳甫斯、穆赛俄斯、赫西俄德、荷马，希腊文化中最重要的四位诗人，前两位是传说中的人物。——译注

到帕拉墨得斯、[1]忒拉蒙[2]的儿子埃阿斯[3]或者其他因不公正审判而被处死的古人,我会特别高兴的。我要把自己的命运和他们的比较一下,那真是妙不可言啊。最重要的是,我可以花时间去询问和考察那里的人,就像我在这里所做的一样,看看他们中谁有智慧,谁没有智慧却还自以为是。法官们啊,对于率领大军攻打特洛伊的将领,或者是奥德修斯、西西弗斯,[4]或其他无数的男男女女,你们要是能去考察这些人,是不是付出巨大代价也在所不惜呢?同他们交谈,向他们提问,是不是十分幸福呢?在那里,人们绝不会因为谈话这种事而被处死。如果传闻属实的话,他们在别的方面也比我们幸福,而且,他们是永生不死的。

33.“法官们啊,你们应该乐观地看待死亡,要坚信,对于一个好人来说,无论他是生是死,都不会遇到不祥之事,因为诸神总是会关照他的。而我现在遇到的这件事,也绝非偶然。我很清楚,死亡并且解脱,这对我来说是再好不过的了。就是因为这个缘故,神谕的信号从来没有警告过我,也没有阻止我走自己的路,我也不会埋怨控告我的人和判我死罪的人。但是,他们判我有罪,并不是因为想到了这一点,而是因为想要害我,因此我有理由谴责他们。

“我要向你们提出一个请求。我的儿子们长大后,如果他

---

〔1〕 帕拉墨得斯,参加希腊人对特洛伊的战争,被指控背叛希腊、里通特洛伊,最终被阿该亚人用石头砸死。——译注

〔2〕 忒拉蒙,希腊神话中一位勇猛的英雄。——译注

〔3〕 埃阿斯,希腊神话人物。他身材魁梧,力大无穷。在特洛伊战争中,他是希腊联军的主将之一,作战勇猛。他因遭遇不公正的待遇,愤而自杀。——译注

〔4〕 西西弗斯,希腊神话中的人物,科林斯的建城者和国王。《荷马史诗》记载,西西弗斯是人间最足智多谋的人之一。——译注

们把钱财或其他东西看得比美德更重要,如果他们一无是处却还自以为是,那就请你们去责备他们,就像我责备你们那样,责备他们没有关注该关注的事、自己一文不值却还自以为了不起。如果你们这么做,我和我的儿子们就得到公正的待遇了。

“分手的时候到了,我死去,你们活下来。谁的去路更好,只有神知道。”

评　述

施莱尔马赫[1]认为,柏拉图的《申辩篇》是苏格拉底实际所作的辩护。对此,瑟尔沃尔[2]和格罗特[3]都表示赞同。这篇对话录中的许多观点与苏格拉底受审时所说的话是一致的,这一点我们毋庸置疑。

但我发现,这篇对话录涉及的范围非常广泛。柏拉图的这篇对话录针对的是整个哲学界以及子孙后代,而苏格拉底的申辩针对的只是审判他的法官。

---

〔1〕 施莱尔马赫(1768—1834),德国哲学家、新教神学家,柏拉图作品的翻译家和解释家。他翻译的柏拉图译著是柏拉图作品德译本权威译本,他对柏拉图作品的解读对 20 世纪西方柏拉图研究产生了深远的影响。——译注

〔2〕 瑟尔沃尔,18 世纪英国激进主义演说家、政论家。——译注

〔3〕 格罗特(1794—1871),英国希腊历史学家、哲学家、教育家、政治家、银行家。——译注

这与著名古代批评家狄奥尼修斯[1]的观点一致，他把这篇对话录称为“苏格拉底申辩的赞美诗”。他还说：“这既是一篇辩词，也是对雅典人判处苏格拉底死刑的控诉。”接着，他更加果断地说：

“我要畅所欲言地谈论柏拉图。有些人把柏拉图的作品当作哲学的典范，认为它纯粹而有力。他们说，如果诸神用人类的语言说话，那么诸神之王就应该像柏拉图那样说话。这些一知半解的人把话说得过于浮夸了，我对此不愿苟同。我要直言不讳，既不夸大也不贬低，因为我的性格就是这样的。在一些对话录中，特别是在那些体现出苏格拉底性格的对话录中，如《斐利布斯篇》，[2]柏拉图的力量和庄重总是令我钦佩和崇拜。但是，我不喜欢他的低级品味，也不喜欢他堆积如山的称谓，特别是当他把政治、赞美和责备混在一起时，当他写下指控和辩护时。那时，他就不像他自己了，还败坏了哲学的尊严。我常常想对他说荷马史诗中宙斯对阿佛洛狄特[3]（被戴奥米底斯[4]打伤时）说的话：

‘我的孩子，作战的任务不属于你。你要关注爱与美。’

“你们对苏格拉底式的对话满意吗？政治和法律的争议是政治家和演说家的事。

---

[1] 狄奥尼修斯，古希腊历史学家、修辞学家，著有《罗马古史》《论古代演说家》《论修昔底德》等。——译注

[2] 《斐利布斯篇》，柏拉图的一篇对话录，主题是“享乐”。——译注

[3] 阿佛洛狄特，希腊神话的女神，十二主神之一，代表爱情、美丽和性欲。在荷马史诗《伊利亚特》中，她是宙斯和狄俄涅的女儿。——译注

[4] 戴奥米底斯，荷马史诗《伊利亚特》中的英雄。——译注

“我向哲学家们发出呼吁,反对那些以派别而非真理为评判标准的人。有些人拿苏格拉底最糟糕的一面和德摩斯梯尼[1]最好的一面去比较,我反对那种做法。将两者最好的部分进行比较才是公平的。我认为,自称是法庭演说的《申辩篇》并未在法庭上或阿哥拉集市上宣讲过,它的写作另有目的。它既不是致辞,也不是对话录。它也不是演讲,除非你把书信称为演讲,那我就什么也不说了。”

阿斯特对《申辩篇》提出质疑,认为它没有体现出柏拉图思想中的“理念”元素。但是,柏拉图提出了哲学家和哲学生活的理念,还有什么比这更崇高的“理念”元素吗?

阿斯特质疑《申辩篇》真实性的论据如下:“色诺芬的《苏格拉底的申辩》比柏拉图冒牌的《申辩篇》出现得晚。色诺芬在其作品中说,在他之前,没有人充分认识到苏格拉底对死亡的漠视。而柏拉图的《申辩篇》确实谈到了苏格拉底的这种感受。因此,色诺芬对柏拉图的《申辩篇》一无所知,色诺芬的《苏格拉底的申辩》出现在柏拉图的《申辩篇》之后。”

但是,研究了这两篇作品后会发现,这一论点是站不住脚的。色诺芬所描述的对死亡的冷漠,其实是预见到老年的不幸而产生的感觉。至于这是否是苏格拉底的真实感受、是否符合苏格拉底的特征,那只能由色诺芬来回答了。但是,柏拉图的《申辩篇》中并没有表达出这种感受。柏拉图笔下的苏格拉底蔑视死亡,将死亡与卑鄙和耻辱相提并论,这与赫摩杰尼斯对色诺芬所说的是一致的。

---

[1] 德摩斯梯尼(公元前384年—前322年),古希腊雄辩家、民主派政治家。——译注

阿斯特还强调,在《申辩篇》中,灵魂不朽的学说是以怀疑的口吻谈论的,这与《斐多篇》是不一致的。在谈论这一学说对人类理性的影响时,两者的语气并不相同。在《斐多篇》中,苏格拉底试图消除崇拜他的门徒们的疑虑,甚至对他们说话也不自信。而在《申辩篇》中,苏格拉底针对的是法官们普遍认可的观点。

狄奥根尼·拉尔修斯告诉我们,演说家利西阿斯[1]曾为苏格拉底写过一篇辩词,苏格拉底读过后说:"这是一篇优美的演说,利西阿斯,但不适合我,这是法庭辩词,而不是哲学。"

---

[1] 利西阿斯(约公元前450年—前380年),雅典雄辩家。——译注

克力同篇

该怎么做

《克力同篇》的副标题描述了这篇对话录的目的，它的意思是“在这个特殊情况下该怎么做”，而不是一般性的问题“该做什么”。

导　论

在前面的篇章中，我们已经注意到许多情况，这些情况使我们认为，柏拉图的《申辩篇》是在向世人和后人发出庄严的呼吁，是在抗议苏格拉底遭到的不公正，而不仅仅是在报告苏格拉底审判时的实际辩护情况。然而，我们似乎有充分的理由相信，《申辩篇》中的许多论证确实出自苏格拉底本人，《申辩篇》中假定的辩论过程也确实是苏格拉底所经历的。《申辩篇》的确是苏格拉底真正的辩护。事实上，正是苏格拉底在这一场合和其他场合的言谈举止，使柏拉图对描写他产生了浓厚的兴趣。

苏格拉底在审判后的举止同样引起了我们的注意。色诺芬在《苏格拉底的申辩》中描述了这一情形。

我们读到：[1]"辩护完之后，他神采奕奕

---

〔1〕 色诺芬，《苏格拉底的申辩》。——原注

地走开了，步伐平稳，这和他的语气很相称。看到陪伴他的人都在哭泣，他说：‘这是怎么回事？难道你们不知道，从我出生时起，我的死亡就是注定了的吗？如果我现在死了，就会失去涌向我的美好事物，那样的话，我和祝福我的人都该哭泣。但是，如果我在只剩下厄运的时候告别了生命，我想你们都应该高兴，就像我遇到了幸运的事情一样。’在场的阿波罗多罗斯是他的崇拜者，是一个很单纯的人，他说：‘苏格拉底啊，看到你蒙冤而死，这是最令人难受的事。’苏格拉底抚摩着年轻人的头，微笑着说：‘我亲爱的阿波罗多罗斯，你是不是更愿意被公正地处死呢？’”

在若干段平静的谈话之后，他被带到监狱，由“十一人官”[1]看管。“十一人官”是指负责执行刑罚的官员，他们的称谓暗示着对这一职务的敬畏。在一般情况下，判决一经下达就要立即执行。但在本案中出现了特殊情况。当时正逢一个重要的节日（提洛斯节），一艘船从雅典被派往提洛斯，[2]执行朝圣的任务。从出发到返回的这段时间里，雅典不得处死任何人。[3] 苏格拉底的死刑因此被推迟了30天。在这段时间的末期，柏拉图的对话《克力同篇》产生了。下面就是这篇对话。

---

〔1〕“十一人官”，古希腊雅典负责看管犯人和执行判决的官员，10个部族各推选一人，再加上一个负责记录的官员，一共11人，俗称“十一人官”。——译注

〔2〕提洛斯，爱琴海中的希腊小岛，现在基本无人居住，在古希腊时期被认为是阿波罗的圣地，据传说是阿波罗和阿耳特弥斯的诞生地。——译注

〔3〕《回忆苏格拉底》第4卷第8章。——原注

克力同篇

1. **苏**:“克力同,你怎么这时候就来了?现在还早吧?”

克:[1]“是的,还早。”

苏:“有多早呢?”

克:“天还没亮呢。”

苏:“真奇怪,看守居然让你进来了。”

克:“我常来,他已经认识我啦,苏格拉底。再说了,我还给了他点好处。”

苏:“你是刚到,还是来了一会儿了?”

克:“来了一会儿了。”

苏:“那你为什么坐在那里不吱声,怎么不叫醒我呢?”

克:“神不让我那样做呀。我要是在沮丧时睡着又被叫醒,就会感到十分难过。看你睡得那么香,我倒是很羡慕。我特意不吵醒你,

---

〔1〕 指克力同,下同。——译注

好让你安心多睡会儿。我以前就很欣赏你乐观的性情,你现在大祸临头却还泰然自若,我对你就更加敬仰了。”

苏:“啊,克力同,我都这个年纪了,如果明知必死却还愁眉苦脸,那就太荒唐了。”

克:“苏格拉底,换了别人,如果遇到这种不幸,即使年纪大了,也还是会抱怨的。”

苏:“的确是这样的。可你为什么来得这么早呢?”

克:“因为我给你带来一个坏消息,苏格拉底。这个消息在你看来可能不算坏,但对我和你的朋友们来说,却是很坏、很悲惨的,尤其对于我,这是最令我悲伤的消息。”

苏:“什么消息?是不是从提洛斯开出的船到了,船一到我就得死?”[1]

克:“船还没到,但很可能今天就到。有些人从苏尼翁[2]回来了,他们是这么说的。按照他们的说法,这船今天就会到。所以,苏格拉底,你的生命明天就要结束了。”

2. **苏**:“好吧,克力同,这是好事儿。既然诸神希望如此,那就这样吧。不过,我认为那船今天不会到。”

克:“为什么你这么认为呢?”

苏:“我会告诉你的。船到这里的第二天我就要死了。”

克:“管事的人是这么说的。”

苏:“这样的话,我想那船今天到不了,明天才到。我的依据是昨天晚上做的一个梦,其实就是刚才做的梦,看来你不叫醒我是对的。”

---

〔1〕 雅典每年派船去提洛斯岛祭祀,在此期间不得行刑。——译注

〔2〕 苏尼翁,位于阿提卡半岛南端,是古希腊重要的宗教圣地,供奉波塞冬和雅典娜神。——译注

克:“你梦到了什么?”

苏:“我梦到一个美丽优雅的女人,她身着白衣,来到我面前,叫我的名字,对我说:

‘苏格拉底,你第三天会到达富饶的菲提亚[1]。’”

克:“这是一个奇怪的梦,苏格拉底。”

苏:“但是它的意思很清楚,克力同。”

3. **克**:“是很清楚。但是,亲爱的苏格拉底,现在你还是听我的劝,救救你自己吧。对我来说,你死了,那简直就是灾难成堆。我不但失去了你这样一个不可再得的朋友,而且许多不深知你我的人还会认为,我本来可以花钱救你,但我没有那么做。一个人把金钱看得比朋友重要,还有什么比这更糟糕的评价呢?人们不会相信,我们力劝你离开这里,但你就是不肯。”

苏:“但是,好心的克力同,我们为什么要在乎众人的看法呢?最值得考虑的是那些真正有理智的人的意见,因为他们会相信事实的真相。”

克:“但是你看,苏格拉底,必须要顾及众人的意见。你目前的处境足以表明,普通民众会惹来不小的麻烦,要是他们听信了对某人的诽谤,他们会做出大坏事来。”

苏:“我倒是希望,克力同,大众既能做大坏事,也能做大好事,要是那样就太好了。但他们这两样都做不了,他们既不能让人变聪明,也不能让人变愚蠢。他们只是随波逐流罢了。”

---

〔1〕 菲提亚,希腊神话中位于色萨利的一个地区。在荷马的《伊利亚特》中,菲提亚这个地名暗指死亡。——译注

4. **克**："随你怎么说吧。不过，苏格拉底，请告诉我，你是不是在替我和你其他的朋友着想呢？你担心，如果你逃走了，告发者会说我们帮你逃跑，这样我们就会惹火上身，会破产或损失一大笔财产，还会惹来其他麻烦，你是这样想的吗？如果你有这种担忧，那是大可不必的。只要能救你，即使面临再大的危险，我们也义无反顾、在所不辞。请听我的劝吧，照我说的去做。"

苏："我是有这方面的担忧，克力同，但我还有其他的考虑。"

克："不要担心了。用不了多少钱就有人愿意放你，你就能离开这里。至于那些控告你的人，你看不出收买他们有多容易吗？在他们身上花不了多少钱。我的钱给你用，我想是足够了。如果你不想花我的钱，这里还有一些外邦的朋友愿意出这笔钱。底比斯[1]的西米亚斯[2]就带来了一大笔钱，吉贝斯[3]也是，还有许多其他人也都有准备。所以我说，不要有这种顾虑，快逃走吧。对你在法庭上说的那番话——流亡后不知道自己该怎么办，不必多想。在好多地方，无论你走到哪里，人们都会欢迎你。如果你愿意去塞萨利，[4]我在那里有朋友，他们会敬重你、保护你，保证你不会受到伤害。

5. "还有，苏格拉底，你本来可以得救，却自暴自弃，在我看来这是不对的。你所做的，正是你的敌人求之不得的，他们就是想要毁掉你。而且，你看来是要抛弃自己的子女了，你本可以抚养和教育他们，你却离他们而去，让他们自生自灭、尝尽孤儿的

---

〔1〕 底比斯，古希腊重要城邦，位于希腊中部。——译注

〔2〕 西米亚斯，毕达哥拉斯学派的哲学家，苏格拉底的崇拜者。——译注

〔3〕 吉贝斯，苏格拉底的崇拜者。——译注

〔4〕 塞萨利，地名，位于希腊北部的一个地区。——译注

辛酸。你不生孩子就罢了,生了就应该尽力抚养和教育他们。我觉得,你这样做,显得非常软弱和轻率。你自称一生都在关注美德,那你就应该做到勇敢和慎重。结果是,我感到羞愧,为你,也为我们这些你的朋友。在你的这件事上,看上去好像是,一切都归因于我们的怯懦。首先,你去了法庭,但本来你不必去;其次,审判的结果也不该是现在这个样子;最后,这件事变得如此荒谬,似乎是由于我们胆小怕事造成的,我们既没救你,也没让你自己救自己,而如果我们还有点用的话,这其实是可以做到的。所以,苏格拉底,你仔细想想,这件事对于你和我们,不仅是灾祸,而且还是耻辱。快做出决定吧,选择正确的道路,几乎已经没有时间考虑了,你本该早就想好了的。办法只有一个,而且今晚必须行动。如果我们再等下去,就逃不走了。那么,无论如何,苏格拉底,听我的劝吧,照我说的去做。"

6. **苏**:"亲爱的克力同,你的友好热情如果是用在正道上,那就非常可贵,但如果不是,那么你越是诚挚,就越难对付。所以,我们必须考虑是不是应该按你说的去做。因为,我向来都是只听从理性,尽己所能按照理性的要求行事,其他任何东西都不能牵制我。对于我一生中一直信奉的道理,我不能因为现在的遭遇而将其置之脑后。这些道理在我看来依然如故,和过去一样强大有力。除非我能找到更好的依据,否则我是不会被你说服的,哪怕众人用监禁、死亡和没收财产来威胁我,我也不会妥协。"

克:"我们怎样考虑这个问题才是最合理的呢?"

苏:"我们首先要考虑你所说的众人的意见。我们必须听从某些意见,而对其他的意见不必理会,不是吗?我在被判死刑之前这么说是合适的,而现在就成了空谈和儿戏,难道是这样的吗？克力同，我想和你探讨一下，在我目前的情况下，我说的道理是和以前有所不同，还是和以前一样，我们应该抛弃它，还是应该遵从它。

“我看，那些思想严谨的人经常说，就像我刚才所说的那样，民众的意见有些值得尊重，有些则不然。神灵在上，克力同，你觉得这话说得对吗？你没有明天就死去的危险，所以从常理来看，你的判断不会被那种局面所左右。请你说说吧。我们不必尊重民众所有的意见，有些意见要尊重，有些没必要尊重；不是要尊重所有人的意见，有些人的意见要尊重，有些人的意见就没必要尊重。你是不是这么认为呢？你怎么看呢？这话说得对吗？”

克：“说得对。”

苏：“我们要尊重好的意见，而不必尊重坏的意见，是吗？”

克：“是的。”

苏：“好意见是有智慧的人的意见，而那些没有智慧的人的意见就是坏意见，是吗？”

克：“当然是的。”

7. **苏**：“那么，这要怎么实现呢？一个练习体操的人，应该重视所有人的意见，包括赞扬和批评，还是只需听从某个人，比如教练或医生？”

克：“只需听从某个人的意见。”

根据苏格拉底的归纳法，我们看到这个例子后，很容易就能预见到这种方法进一步如何应用。就身体的训练而言，我们应该根据擅长者的意见而不是多数人的意见来安排自己的运动和饮食，因为只有擅长者才知道什么是最好的。如果我们不听从擅长者的指导,对我们的惩罚就是身体受到伤害。[8.]对于我们的身体——健康使之变好、疾病使之变坏,如果被毁坏了,那我们就没法活了。同样,在判断对与错、好与坏、荣与耻时,我们必须告诫自己,不必在意众人的看法,而是要听从对此有真知灼见的人的意见。如果不这样做,我们就会伤害自己的另一部分——因正义而变好、因不义而变坏的那部分,也就是灵魂。这部分对我们来说比身体更重要,也更有价值。

“因此,我们不必考虑大众的看法,而应该听从明辨是非、懂得真理的人。所以,克力同,你要我听从众人的意见,接受他们关于正义、善良和荣誉的观点,这是错误的。

“也许有人会说,众人能将我们置于死地。的确是这样的。但是,我的朋友,我们还是要回到刚才得出的结论。我们说过,重要的不是活着,而是活得好,我们还坚持这个原则吗?”

克:“我们还是坚持这一点。”

苏:“活得好,就是活得正直、体面,对吗?”

克:“没错。”

9. **苏**:“那么,根据我们所说的,考虑一下,我未经雅典人的同意就逃离这里,这样做是正当的吗?如果是正当的,那我们就试着去做;如果不正当,我们就要打消这种念头。至于钱财、名声和抚育子女这些问题,请看看,这其实是大众的想法。他们随意地把人处死,然后又随意地免去死罪,而这里并没有什么确切的依据。至于我们,受理性的指引,唯一要考虑的是我们刚才所说的那个原则。向那些放我逃跑的人付钱致谢,或者干脆自己逃走,这样做是不是正当呢?如果我们觉得这样做是错的,就不要去考虑,留下是不是会死、是否会遭受其他的苦难,只该考虑,自己的所作所为是否正当。”

克:“我觉得你说得对,苏格拉底。那你就考虑一下,我们该怎样做。”

苏:“让我们一起考虑吧,我的朋友。如果你对我说的话有异议,就请你提出来,我会注意听的。否则,我亲爱的克力同,请不要一遍又一遍地对我说同样的话,不要总是劝我,别管雅典人,要逃离这里。如果你能说服我,我会很乐意的,但如果你说服不了我,我就不会听你的。所以,请考虑一下我们应该遵循什么原则,然后用你认为最好的方式回答我的问题。”

克:“我试试看。”

10. **苏**:“我们是否认为,在任何情况下我们都不该故意做不正当的事?还是说,我们在某些方面可以做不正当的事,而在其他方面不可以?我们以前多次说过,而且刚才也说过,做不正当的事一定是不好的、不光彩的,难道不是吗?还是说,在短短的几天里,我们之前得出的结论全都被推翻了?克力同,我们这把年纪的人,在一起严肃地交谈,其实并不比孩子好到哪里去,是这样的吗?无论大众怎么看,我们一直在说的那些,确实是无可争辩的真理,难道不是吗?无论我们是否会遭受严重的苦难,我们都会坚持认为,做不正当的事是邪恶的和耻辱的,是不是呢?”

克:“是的,我们是这么认为的。”

苏:“那么,我们永远不能做不正当的事,是吗?”

克:“不能做,当然了。”

苏:“因为我们从不能做不正当的事,所以就不应该像人们所说的那样,以牙还牙,是吗。”

克:“看来是这样的。”

苏:“那会是怎样的呢? 我们不可以对任何人作恶吗?”

克:“不能,苏格拉底。”

苏:“像人们所说的那样,以恶报恶,行吗?”

克:“绝对不行。”

苏:“因为作恶与不义是一样的。”

克:“的确是的。”

苏:“所以,无论受到什么虐待,都不能对他人作恶,不能做不正当的事。注意,克力同,你要是同意这一点,就不要说那些与你真实想法相反的话。因为我知道,现在很少有人同意这一点,以后也不会有多少人同意。同意和反对这种观点的人没有共同的立场,他们都各持己见,瞧不起对方。那么,请仔细想想,你在这方面是否和我看法一致、是否同意我的观点。我们是不是可以把以下这一点作为继续讨论的前提:不能做不正当的事,不能以恶行报复恶行,也不能通过做坏事来保护自己免受恶行的伤害。还是说,你在这个问题上与我分道扬镳,你不能接受我的观点。我一向坚持这种观点,现在仍然如此。如果你有不同看法,就请说出来。如果你仍旧认同我们原来的观点,就请听我接着说。”

克:“我还和原来一样,同意你的观点。”

苏:“那我就接着说,或者倒不如我来问你一个问题:一个人对他人做出了承诺,而且这个承诺是正当的,那他是不是应该履行自己的诺言呢?”

克:“应该履行。”

11. **苏**:“既然这样,那就请你想想看,如果我们不经城邦允许就擅自离开这里,我们就背弃了那些不该背弃的人,是不是呢? 我们是不是没有遵守自己的诺言呢?”

克力同觉得，苏格拉底准备进一步论证自己的观点，于是就回答说：

“我没法回答你的问题，苏格拉底，因为我不明白你的意思。”

苏：“你可以这样想，假设我们要逃跑——或者不管你用什么说法，这时法律和城邦过来拦住我们，说：‘告诉我，苏格拉底，你想干什么？你现在的所作所为，就是竭力去摧毁法律和城邦，难道不是吗？如果法庭庄严宣布的判决没有效力，可以被个人撤销和宣告无效，那么，城邦就毁灭了，就不能存在了，难道不是吗？’克力同，对这类问题，我们该怎么回答呢？能说会道的人会大谈破坏法律的问题，因为法律规定，判决一旦宣告就要生效。我们说，城邦对我们不公，判决不公正，是吗？我们要这么说吗？”

克：“对，我们可以这么说。”

12. **苏**：“如果法律这样说：‘哦，苏格拉底，这是你我之间的协议，你应该服从城邦依法宣布的判决，难道不是这样的吗？’如果我们对这番话感到惊讶，法律也许会说，‘苏格拉底，别惊讶，请回答吧，你喜欢问答的方式。你对法律和国家有什么不满，为什么想要毁灭我们？首先，我们给了你生命，不是吗？正是通过我们，你父亲娶了你母亲，生下了你。那么请问，你对有关婚姻的法律不满吗？你认为它们有什么不好吗？’我会说，我没有什么不满。‘那好，关于抚养和教育孩子的法律，你是根据这些法律被抚教成人的，你对它们有什么不满呢？要求你父亲教你音乐和体育的法律，是不是不好呢？’我会说，这些法律很好。‘那好，你出生了，被抚养长大，接受了教育，难道你能说，你和你的祖先不是我们的后代和奴仆吗？既然如此，你难道会认为，你和我们在权利方面是平等的，我们如何对待你，你就可以如何报复我们吗？对你的父亲，你没有平等的权利。如果你有主人，对你的主人，你也没有平等的权利。你不能以恶行报复恶行，受到责骂后不能回嘴，挨打了也不能还手，难道你不知道吗？难道你可以用这种方式对待你的城邦和法律吗？那么，如果我们要处死你，因为我们认为这样做是正当的，那你就可以尽力毁掉我们，还说自己做得对，是吗？你这个真正喜爱美德的人，难道就是这样的吗？要知道，你的城邦比你的父母和所有的祖先都要高贵、庄严、神圣和可敬，诸神和一切有识之士都这么认为。你那么有智慧，竟然不明白这一点吗？如果你的城邦对你发怒，你必须畏惧，要服从它、安抚它，你对它的敬重要远远超过对父亲的敬重。如果你不能说服它，那就要对它唯命是从，对于挨打和监禁，要毫无怨言地接受。如果城邦让你参战，你可能负伤或战死，那你也要服从，因为这样做是正确的。你不能退缩，不能逃避，也不能擅离职守。无论是在战场上，还是在法庭上，或者是在其他任何地方，你都要服从城邦和城邦的命令，除非你能指明，什么是正当的。以暴力违抗自己的父母已经是大错特错了，更何况是违抗自己的城邦呢？'我们该怎么回答呢，克力同？法律说得对不对？"

克："我认为是对的。"

13. **苏**："'苏格拉底，'法律也许会说，'如果我们说得对，那你现在要做的事就是不正当的。我们给了你生命，抚养和教育了你，我们把所有的好东西都给了你们这些公民。而且，我们向所有的雅典人宣布，在他熟知了城邦的状况和法律后，如果不喜欢这里，就可以带着自己的财物离开，去他想去的地方。没有任何法律能阻挡和禁止他这么做。如果他不喜欢这里的法律和这个城邦,要去某个殖民地,或者去另一个城邦,那他尽可以去,还可以带走自己的财产。但是,如果他留在这里,见到了我们如何审判案件和管理城邦,那我们就说,他实际上已经向我们承诺,他要服从我们的命令。如果他不服从,我们就认为他犯了三重错误:一是不服从让他出生的法律,二是不服从把他养大成人的法律,三是承诺服从法律但是不服从。我们并没有野蛮地命令他,而是给他提出建议,让他作出选择,要么照我们说的去做,要么说服我们做出改变,但他两者都没有做。

14. "'如果你去做你正在谋划的这件事,苏格拉底,那对你的指控也是一样的,而你的罪行要比对其他雅典人更重。'如果我问为什么,法律就会很有道理地说,我对法律作出的承诺要比其他雅典人明确。它们会说:'苏格拉底,这里有确凿的证据可以证明,你很认可我们和城邦。你待在城邦的时间比其他公民都长。除了去地峡看比赛,[1]你从不离开城邦去观光,除了随军出征,你并未出过城。你不像别人那样到处去旅行,从来不想去了解其他城邦和其他的法律。我们的城邦和法律,让你心满意足。你对我们极其信任,愿意服从我们的管制。此外,你在这里生儿育女,这也证明了,你对城邦是满意的。而且,在审判中,你原本可以提出流放的惩罚,那样的话,你现在就可以在城邦的许可下做你打算偷偷做的事了。但你当时振振有词,声称自己不怕死。如你所说,你选择了死亡而不是流放。你想想自己说过的那些话,你不觉得羞耻吗?你无视法律,想要摧毁法律,是

[1] 指地峡运动会,是四大泛希腊运动会之一,因为在科林斯地峡举行而得名。——译注

吗？你现在要违反契约，想要逃跑，不顾自己立下的接受我们统治的承诺，做着最下贱的奴隶才做的事。请先回答一个问题。你承诺要做守法的公民，这并不是停留在口头上，而是要体现在行动中，是不是呢？'克力同，我们该怎么回答呢？要做出肯定的回答，对吗？"

克："当然了，苏格拉底。"

苏："接下来法律会说：'你违反了你我之间的约定，不信守自己的承诺，是不是呢？我们没有强迫和欺骗你做出承诺，没有逼你仓促做出决定。如果你对我们不满意，认为协议不合理，你有 70 年的时间，这期间你随时都可以离开这里去别的地方。你经常称赞拉西代蒙[1]和克里特，[2]说它们是治理得很好的城邦，你却不想去那里，你也不想去希腊境内外的其他城邦。你哪儿都不愿去，你离开城邦的次数，比瘸子、瞎子和其他残疾人都要少。显然，你对城邦和我们法律的满意程度，大大超过了其他雅典人。现在你不遵守自己的承诺了吗？我劝你，苏格拉底，不要逃离城邦，否则你会成为笑柄。

15. "'你想想，如果你做出这种背信弃义的事，这对你自己和你的朋友们有什么好处呢？很明显，你的朋友们将被放逐，他们会失去家园和财产。而你自己，如果你跑到邻近的城邦，比如，底比斯或米加拉[3]（这两个城邦市都治理得很好），你就会被那里的政府视为敌人，那些热爱自己城邦的人会怀疑你，认为你是法律的破坏者。这样你也就证明了，法官们是正确的，他们对你的判决很公正，因为人们很可能会认为，破坏法律的人会毒

---

[1] 拉西代蒙，斯巴达的别名，古希腊的一个城邦。——译注

[2] 克里特，古希腊的一个城邦。——译注

[3] 米加拉，古希腊的一个城邦。——译注

害青年和无知者。那么,你不去投奔那些治理良好的城邦和秩序井然的人们了吗?如果你不去,你活着还有价值吗?或者,你去找他们,厚着脸皮和他们谈话,是吗?像在这里一样,你会跟他们说,美德、正义、制度和法律是最宝贵的东西,是吗?你会不会认为,这样做很不好、很可耻呢?你一定会这么认为的。

"'或者,你会离开那些城邦,到色萨利去投靠克力同的朋友,是吗?那里无法无天、乱七八糟,人们也许会喜欢听你说说,你怎样化妆后从监狱里逃出来,怎样穿上兽皮或用其他把戏逃跑。那里可能有人会问,你这把年纪,活不了多久了,怎么还是如此贪生怕死,为什么要违反神圣的法律呢?要是你不得罪他们,也许没人会这么问。但如果你得罪了他们,苏格拉底啊,难听的话就多了。人们会看不起你,你只能低三下四地活着。

"'你打算怎么办呢?你要在色萨利混饭吃,好像你到那里去就是为了吃喝,是吗?你谈论的正义、节制和各种美德,都到哪里去了?

"'或者,你想要活下去,为的是自己的儿子,你要抚养和教育他们。那你要怎么做呢?你带他们到色萨利,在那里养育他们,让他们不再做雅典人,这就是你给他们的优待吗?或者,你不带他们去色萨利,让他们在雅典长大,而你却住在别的城邦,不过你的朋友们会照顾他们,他们会被教养得很好,是吗?是这样的吗?你去了色萨利,你的朋友们就会照顾你的孩子,但如果你去了另一个世界,他们就不会照顾你的孩子了,难道是这样的吗?只要你们之间的友谊是名副其实的,你的朋友们在任何情况下都会照顾你的孩子。

16."'苏格拉底,我们抚养了你,你还是听我们的劝吧。你要明白,孩子、生命和其他任何东西,都不如正义有价值。你要是能这样想，当你到了另一个世界后，你就可以在那里的法官面前为自己申辩。如果你照克力同说的去做，那你生前和死后都得不到什么好处。现在你要死了，受到了不公正的对待，这种不公正不是来源于我们法律，而是来源于人。如果你逃跑了，以错还错，违背自己的承诺，违反契约，那你就伤害了你最应该尊敬的——你自己、你的朋友、你的城邦和我们法律。在你活着的时候，我们法律会怒视着你。在你死去后，我们的弟兄，也就是冥府的律法，也会仇视你，因为他们知道，你曾想尽办法试图毁灭我们。所以，别听克力同的，还是听我们的劝吧。'

17.“亲爱的克力同，我仿佛听到了这些话，就像克瑞斯[1]的崇拜者听到了神笛声一样。这些规劝的话在我耳边萦绕，掩盖了其他的声音。所以，你想要改变我的想法，只会白费工夫。如果你还有别的要说的，尽管说。”

克：“没有了，苏格拉底，我没有什么要说的了。”

苏：“好吧，克力同，我们就这样办吧，这是诸神的旨意。”

---

[1] 克瑞斯，古希腊神话中的大地和丰收女神，十二主神之一。——译注

评　述

根据这篇对话录的总体特征，最自然的看法似乎是，这是一部以真实事件为依据的文学作品，是柏拉图缅怀先师所写的回忆录的一部分。我认为，这是古代评论家的观点。《斐多篇》等作品可以证明，这种观点是有事实依据的。但狄奥根尼·拉尔修斯告诉我们，在狱中与苏格拉底谈话的不是克力同，而是埃斯基涅。柏拉图之所以用了“克力同”这个名字，是因为他不认为埃斯基涅是苏格拉底真正的弟子。这是很有可能的。

施莱尔马赫认为，《克力同篇》和《申辩篇》一样，是苏格拉底真实言谈的记录。而阿斯特则认为，《克力同篇》完全不符合柏拉图的风格。这两种判断的根据几乎是相同的。这些批评家认为，柏拉图的每一部作品都缺少思辨或理念的成分。阿斯特有些夸张地表达了这一点：“《克力同篇》不是真实的。柏拉图的独特之处在于,把理想和事实联系起来,把历史仅仅当作外在的材料和基础,以此来建立他那种乌拉尼亚[1]式的缪斯神庙,这是柏拉图的一贯风格。"因此,施莱尔马赫说:"柏拉图要谈论权利、法律和契约,还能找到比这更重大的场合吗?"当然不能。然而,他以这些问题所涉及的最显著的实际应用来谈论它们——在公正的诉讼、遵守法律、尊重社会契约并尊重生命之中做出选择,难道不是吗?难道这其中不包含尊严这一理念吗?在这段历史中,难道没有为缪斯——或者说为诸神——建造的有价值的神庙吗?

难道这里没有值得献给缪斯女神的祭品吗?施莱尔马赫说:"它很可能是苏格拉底真实的谈话,这些谈话柏拉图是从对话者那里听到的。"毫无疑问,希腊是一个富有诗意的民族。但像这样的对话,以悲剧合唱团的庄严姿态介绍国家法律的对话,一定超出了普通对话的水平。我认为,《克力同篇》是柏拉图赞颂苏格拉底的作品之一。

我想补充一点,《克力同篇》是苏格拉底的朋友们为自己所作的辩解,他们想要表明,为挽救苏格拉底的生命,他们已经竭尽全力了。

---

〔1〕 乌拉尼亚,古希腊传说中的女神,主司天文学与占星学。——译注

斐多篇

论灵魂之不朽

《斐多篇》是一部对话录，围绕着“灵魂是不朽的”这一伦理性的主题展开讨论，它的副标题是“论灵魂之不朽”。

导　论

我们终于来到柏拉图为我们呈现的苏格拉底生命的最后时刻。在这部关于伟大的苏格拉底的戏剧中，我们即将看到的是最后一幕，是前面所有场景的汇集。这是其他对话录中或多或少遵循的各种思路的集结，是先前确立的学说的应用，是柏拉图理论产生的实际效果。这部作品在描绘苏格拉底面对死亡、谈论死后图景时，其情节是极其精彩的。哲学战胜了对死亡的恐惧，在表现这种胜利时，这里不像一般的悲剧那样去展现哲学家的内心感受和情绪，而是把那些使他的思想超越恐惧的道理讲出来，并且以一种让听众和谈话者都信服的方式陈述出来。这不仅是在把卓越的哲学家展示出来，而且还是在教授这门卓越的哲学。

因此，我们要把这部著作的戏剧之美同它的哲学思想联系起来，这样才能弄明白其中的意义。而对于这些思想，尽管前面的对话录已经有所铺垫，但想让读者接受，就像柏拉图的弟子所认为的那样，是很难的。然而，我还是要尝试一下。幸运的是，戏剧之美一直在吸引着读者，这使得其中的哲学思想显得不那么深奥了。

斐多篇

这一幕发生在阿戈利斯[1]的菲利乌斯。[2] 当地人艾克格拉底[3]和苏格拉底的弟子斐多[4]在谈话。

1. **艾**:[5]“请问,斐多,苏格拉底在监狱里服毒的那天,你和他在一起吗?还是别人告诉了你这件事?”

斐:[6]“我自己在那儿,艾克格拉底。”

艾:“他临死前说了些什么?他是怎么死的?我很想听你说说。最近我们菲利乌斯没人去雅典,而且好久没有雅典人到我们这里来

---

[1] 阿戈利斯,古希腊重要的城邦,位于伯罗奔尼撒半岛东北部。——译注

[2] 菲利乌斯,古希腊的一个小镇,属于阿戈利斯。——译注

[3] 艾克格拉底,菲利乌斯人,古希腊毕达哥拉斯学派最后一代哲学家,柏拉图曾拜访过他。——译注

[4] 斐多,苏格拉底的学生,埃利亚学派创立者。——译注

[5] 指艾克格拉底,下同。——译注

[6] 指斐多,下同。——译注

了,所以没人能讲清楚那天发生的事。我们只知道,他喝毒药死了,其他的情况就一无所知了。"

2. **斐**:"你没有听说那次审判吗?你不知道当时发生了什么吗?"

艾:"知道啊,有人跟我们讲过。我们感到奇怪的是,他被判处死刑后,过了很长一段时间才被处死。这是怎么回事啊,斐多?"

斐:"这纯属偶然,艾克格拉底。就在审判的前一天,雅典人派往提洛斯的船完成了准备工作,在船尾挂上了花环。"〔1〕

艾:"是什么船呢?"

斐:"雅典人说,当年忒修斯〔2〕带着7对童男童女去克里特岛〔3〕的时候,乘坐的就是这艘船。雅典人许诺,每9年进贡7男7女给牛头怪吃。当时,忒修斯救了自己,也救了同伴。据说,雅典人曾发誓,如果这些童男童女能逃过劫难,雅典人就每年都要到提洛斯朝圣。从那时开始,雅典人年年都举行这个仪式。[3.]按照规定,在此朝圣期间,整个城邦要保持洁净,不能沾血。在前往提洛斯的船回来之前,不得处死任何罪犯。如果遇到逆风阻挡,这船就要花很长时间才能回来。阿波罗〔4〕的祭

---

〔1〕 出发前在船尾悬挂花环,这是当时祭祀的船只启程前的仪式。——译注

〔2〕 忒修斯,传说中的希腊英雄,其最著名的事迹是前往克里特岛战胜牛头怪物。相传,每7年雅典都要向克里特王米诺斯送去7对童男童女,进贡给牛头怪物米诺陶洛斯。第三次献祭时,忒修斯自愿充当一名童男。最终,忒修斯杀死了米诺陶洛斯,带领大家逃离了克里特。——译注

〔3〕 克里特岛,希腊第一大岛,位于希腊半岛的东南部,临近伯罗奔尼撒半岛和地中海,地处希腊的咽喉之地。凭借优越的地理位置,克里特岛开创了古希腊最早的文明,即克里特文明(又称米诺斯文明)。——译注

〔4〕 阿波罗,古希腊神话中的神,是光明之神、预言之神、音乐之神、医药之神、消灾之神,也是迁徙者和航海者的保护神。——译注

司在船尾挂上花环,朝圣就算是开始了。我说过,这事发生在苏格拉底受审的前一天。所以,苏格拉底被判刑后,在狱中待了很长一段时间才被处决。”

4. **艾**:“那他临死时的情况是怎样的呢,斐多?他做了什么,说了什么?他有哪些朋友在场?看守让他的朋友进去陪伴吗?还是他死的时候没人陪伴?”

斐:“有人陪,当时他身边有朋友,而且还不少呢。”

艾:“要是你不太忙,请把当时的情况详细地讲一讲。”

斐:“我不忙,我会把事情的来龙去脉都告诉你。因为,我最喜欢的事就是回忆苏格拉底——不管是我自己谈论他,还是听别人说起他。”

5. **艾**:“斐多,听你讲的人也是如此。那么,你就尽量把事情讲得详细些吧。”

斐:“我当时的情感很特别。看到自己亲爱的朋友要死了,我本应感到万分悲痛,但是我却没有那种感觉。我告诉你,艾克格拉底,从他的行为和言谈来看,他显得很幸福,他面对死亡时是那么镇定和从容。我相信,他是在神的护佑下离开人世的。在另一个世界里,他一定是幸福的。在这种丧事场合,感到悲痛是很自然的,但我那时却不是这样,我并没有那种感觉。而且,虽然我们在谈论哲学,但我也不像平时听他讲哲学时那样愉快。我的心情很奇特。当想到他很快就要死去时,我产生了一种不同寻常的悲喜交加的感觉。在场的人都有同样的感受,一会儿笑,一会儿哭,尤其是阿波罗多罗斯,你认识这个人,知道他的性格。”

艾:“当然,我知道。”

6. **斐**:“唔,他的情绪完全失控了,而我和其他人也很激动。”

艾:“请问,斐多,当时都有谁在场?”

斐:“我们雅典本地人有阿波罗多罗斯,我刚刚说过他了,还有克力同布鲁斯和他父亲克力同,此外,还有赫摩杰尼斯、厄比格涅、埃斯基涅和安提斯尼,[1]还有帕亚尼斯[2]的克特西普[3]和美涅克塞努[4],还有另外几个雅典人。柏拉图没在,我估计他生病了。”

艾:“有外邦人在场吗?”

斐:“有,底比斯的西米亚斯、吉贝斯和普东达斯,[5]还有米加拉的欧几里得[6]和忒尔西翁[7]。”

7. **艾**:“怎么,阿里斯提普斯[8]和克列姆布罗图斯[9]没在吗?”

斐:“不在,据说他们在艾及尼[10]。”

艾:“还有别的什么人吗?”

斐:“我想也就是这些人了。”

这里提到的人都是苏格拉底的门徒,柏拉图和其他人的作

---

〔1〕 安提斯尼,苏格拉底的崇拜者,雅典人。——译注

〔2〕 帕亚尼斯,古希腊地名。——译注

〔3〕 克特西普,苏格拉底的崇拜者,出现在柏拉图的对话录《吕西斯篇》《欧绪德谟篇》中。——译注

〔4〕 美涅克塞努,苏格拉底的崇拜者,出现在柏拉图的对话录《吕西斯篇》中,对话录《美涅克塞努篇》就以其命名。——译注

〔5〕 普东达斯,苏格拉底的崇拜者,当时著名知识分子。——译注

〔6〕 欧几里得,苏格拉底的崇拜者,柏拉图的对话录《泰阿泰德篇》的对话者之一。——译注

〔7〕 忒尔西翁,苏格拉底的崇拜者,柏拉图的对话录《泰阿泰德篇》的对话者之一。——译注

〔8〕 阿里斯提普斯,苏格拉底的崇拜者,当时著名知识分子。——译注

〔9〕 克列姆布罗图斯,苏格拉底的崇拜者,当时著名知识分子。——译注

〔10〕 艾及尼,古希腊地名。——译注

品里有关于他们的记载。有趣的是,柏拉图特意解释了他自己不在场的原因。我们会发现,克力同也在其中,他前一天还向苏格拉底提议了逃跑的方法。谈话的人物主要是底比斯的西米亚斯和吉贝斯。

艾克格拉底接着问:

“那么,你们说了些什么呢?”

斐:“我从头给你讲起吧。前一段时间,我们一些人经常去看苏格拉底。我们一大早就在审判的法庭会合,那儿离监狱很近。[8.]监狱开门的时间不算早,我们就在那里聊天,等着开门。门一开,我们就进去看苏格拉底,和他一起待上大半天。最后那一天,我们见面的时间比平常早,因为前一天我们离开监狱的时候,听说去提洛斯的船回来了。所以我们就约定,第二天尽早到老地方碰头。我们到了后,看守让我们等等,等他来叫我们进去。‘因为,’他说,‘那十一个人——也就是执法的人——正在为苏格拉底解开锁链,告诉他今天要执行死刑。’过了一会儿,看守过来叫我们进去。

9.“我们进去后,看到苏格拉底刚脱掉锁链,他的妻子赞蒂佩——你知道她的——就在他身边,怀里抱着他们的小儿子。她一看见我们,就像女人惯常的样子,号啕大哭起来:‘啊,苏格拉底,你的朋友们来了,他们最后一次来看你,你也最后一次见他们了!’苏格拉底看着克力同说:‘克力同,让人带她回家吧。’赞蒂佩捶着胸大声哭喊,克力同的几个仆人就把她带走了。苏格拉底在床边盘腿坐着,一边用手搓着腿,一边说:‘我的朋友们,快乐是多么奇怪的东西。奇怪之处在于,它总是与自己的对立面痛苦联系在一起。快乐和痛苦不会同时出现在一个人身上,但如果一个人追逐其中一个并追到了,他就一定会抓到另一个,好像它俩被绑在了一起。[10.]我想,要是伊索[1]注意到了这一点,他就会编出这样的寓言:诸神试图调和这两种对立的事物,但做不到,于是就把它俩拴在一起;这样,当你抓住一个时,另一个也就跟着来了。现在这种事发生在我身上了。我的腿被锁链捆住的时候很痛,现在痛苦过去了,快乐就要来了。'

"吉贝斯插话说:'苏格拉底,我很高兴,你提醒了我,使我想起了一个问题。你把伊索寓言改写成了诗,还写诗歌赞颂阿波罗,最近好些人问起这件事。前些天尤纳斯还问我,以前你从不写诗,为什么进了监狱就写起诗来了?[11.]尤纳斯还会提出这个问题的,如果你愿意让我替你回答,请告诉我该说什么。'

"'吉贝斯,你就对他实话实说好了。我写诗并不是要和他或他的诗比试,因为我知道那是很难的。我只是想把做过的梦的含义讲出来,是为了对得起自己的良心。我过去经常做一个梦,梦的形式不一样,但都向我传达了同样的命令:苏格拉底,创作音乐吧。[12.]过去我一直认为,这是在鼓励我继续做自己正在做的事情,就像人们给赛跑的人喝彩加油一样。我以为这个梦要督促我做的事,正是我一直在做的事,那就是追求哲学,因为哲学是音乐的最高境界。可是现在,我被判刑后又因神圣的节日被缓期执行,正好有闲暇时间。我就想,那些梦说不定是让我创作通常意义上的音乐,如果是那样的话,我就应该照办。所以,在死之前,我就写起诗来,以求个安心。我首先写了一首

---

[1] 伊索(约公元前620年—前560年),古希腊著名哲学家、文学家、寓言家。——译注

献给阿波罗的赞美诗,正是这位神的节日使得我的死刑被延期了。然后我想,要成为一个真正的诗人,就要在创作的基础上写作,而我又不善于虚构故事,于是我想到了伊索的寓言,就把它们改编成了诗。

13."'吉贝斯,你把这些告诉尤纳斯吧。请代我向他道别,转告他,如果他有智慧,就跟从我。看来我今天得走了,雅典人下了命令。'

"西米亚斯说:'苏格拉底,你给尤纳斯捎去的话,太奇怪了!我总和他打交道,据我所知,他根本不会接受你的建议。'

"'怎么会这样呢?'苏格拉底说,'尤纳斯不是哲学家吗?'

"'我想是的。'西米亚斯说。

"'那么,'苏格拉底说,'尤纳斯会照我说的去做,任何一个真正的哲学家都是这样的。但这并不是说他应该对自己下手,那是不正当的。'

"说着,他把脚从床上垂下来,谈话时就一直这样坐着。

"然后吉贝斯问他:'苏格拉底,你说一个人对自己下手是不正当的,又说,哲学家愿意追随死去的人,你这么说是什么意思呢?'

14."'得了吧,'苏格拉底说,'你和吉贝斯总和菲洛劳斯[1]在一起,难道没有听过这种话吗?'

"'没听过很具体的,苏格拉底。'

"'唔,说实在的,我也是道听途说而已。但我很愿意把听到的告诉你。对于一个即将死去的人来说,最应该做的事就是,

---

[1] 菲洛劳斯(约公元前470年—前385年),古希腊哲学家,毕达哥拉斯学派的杰出代表。生于意大利南部的古希腊殖民地,后迁至希腊。——译注

思考和讨论离开人世意味着什么。从现在到日落[1]之前，我们还有别的什么事可做呢？'

"'那么，苏格拉底，你为什么说自杀是不正当的呢？你刚才说的那番话，我和菲洛劳斯在一起时也听他说过。别人也说，自杀是不正当的。但我从未听到过任何明确的解释。'

15."'别灰心，'他说，'也许有一天你会听到的。不过，你或许会觉得奇怪，有些人觉得死了要比活着好。那你就会感到不解，对于愿意去死的人，为什么不允许他们自己去做这件好事，而一定要等别人来帮忙呢？'

16."这时，吉贝斯平静地微笑着，用底比斯话[2]说：'神知道是怎么回事。'

"'的确，'苏格拉底说，'这看上去很奇怪，但也许其中是有原因的。有一种神秘的说法，说我们就像监狱里的犯人，任何人都不能擅自离开。我觉得这很深奥，很难理解。但是，吉贝斯，我觉得有句话说得好，那就是，神是我们的主人，人类是神的仆人。你同意吗？''我同意。'吉贝斯说。'如果你的仆人，也就是你的财产，没有得到你的许可就自杀了，你不生他的气吗？如果你能惩罚他，你会惩罚他吗？''那当然了。'他说。

"'那么，基于同样的理由，没有人可以杀死自己，除非神要他去死。像我吧，现在就该去死了。'

17."'好像是这样的，'吉贝斯说，'不过，你说了，哲学家愿意去死，而我们刚才又说，神关照我们，我们是神的仆人和财产。如果确实如此，那不是显得很奇怪吗？诸神是我们的守护者，照

---

[1] 日落是行刑的时间。——译注

[2] 吉贝斯是底比斯人。——译注

管着我们。而一个有智慧的人,要是离开了神的监护而不感到苦恼,那是不合理的,因为他绝不会认为,脱离神的监护后他能更好地保护自己。愚蠢的人也许会认为,从主人那里逃脱是一件好事。他不明白,和好的主人在一起是明智的,不应该背弃这样的主人。有智慧的人总是希望和比自己高明的人在一起。所以你看,苏格拉底,结果与你所说的相反。有智慧的人死时会难过,愚蠢的人死时才会感到高兴。'

18."听了这话,苏格拉底似乎很欣赏吉贝斯的机敏,他对我们说:'吉贝斯总是有独到的见解,不轻易追随别人。'

"西米亚斯接着说:'苏格拉底,我也认为吉贝斯说得有道理。因为,聪明人有什么理由要离开比自己更聪明的主人呢?吉贝斯似乎是在说你,你正打算离开自己的朋友和神。而神,正如你所说,是好的主人。'

"'你们说得很有道理,'苏格拉底说,'你们希望我对此申辩,就像我在法庭上申辩一样,是吗?''正是这样。'西米亚斯说。

19."'好吧,'苏格拉底说,'我会申辩的,而且尽量比我法庭上的申辩更有说服力。'

"'西米亚斯和吉贝斯,如果我不相信,自己将进入智慧和善良的神的王国,那边和我在一起的人会比这里的人好,那么,我在临死时不悲伤就不对了。请放心,我到了那边就能和好人在一起了,虽然对此我不敢肯定。不过,我的确是要去投奔善良的主人了,我坚信这一点。因此,我不感到悲伤,并满怀希望,人死后去了另一个地方,而且,好人的境况远比坏人的要好。'

20."'可是,苏格拉底,'西米亚斯说,'你是打算把自己的观点留在你的脑子里,还是要把它传授给我们呢?要知道,这对

我们和你来说都是宝贵的财富。而且,如果你能让我们信服,那你就申辩成功了。'

"'好吧,我试试,'他说,'不过让我们先听听克力同想说什么,我看他有话要说。'

"'我只是想说,'克力同说,'给你准备毒药的那个人早就让我提醒你,要你尽量少说话。他说,人在交谈时体温会升高,这会影响毒药发挥作用,因此,说话多的人就要喝两次甚至三次药。'

"'别理他,'苏格拉底说,'他要做好准备,我可能要喝两次,甚至三次。'

21."'我就知道你会这么说,'克力同说,'可是他已经对我唠叨了很久了。'

"'不用管他。'苏格拉底说。

"'我的法官们,现在我要向你们陈述我的理由,要向你们说明,为什么我认为,一生都真正追求哲学的人,临死时是快乐的,并深信死后会获得幸福。西米亚斯和吉贝斯啊,我的理由是这样的。那些真正献身哲学的人,所研究的无非就是如何死以及如何为死做准备。一般人对此可能无法理解。既然如此,那些一生都在研究死亡的人,在自己期待已久的事情到来时却惊慌失措,这岂不是太奇怪了?'

22."西米亚斯笑着说:'苏格拉底,说实话,我这会儿不想笑,但你还是把我逗乐了。我想,多数人都会认为你说得对。我们底比斯人也会同意你的说法,认为哲学家就是愿意寻死,他们命该如此。'

"'他们说得没错,西米亚斯。但是他们并不知道,真正的哲学家怎样寻求死亡,他们如何死去才是值得的,他们的死亡是

哪一种。还是别管这些人了,我们说自己的吧。我们认为有死亡这回事,是吗?'

"'当然了。'西米亚斯回答。

23."'死就是灵魂与肉体的分离,不是吗?死,就是肉体脱离了灵魂后独立存在,灵魂离开了肉体后独立存在,不是吗?死亡不就是这样的吗?'

"'是的,就是这么回事。'西米亚斯说。

"'那还有一点,请你想想是不是同意我的观点,同意的话,就会有助于我们找到答案。你怎么看,哲学家应该关心所谓的快乐,比如,吃喝的快乐,是吗?'

"'当然不是了。'西米亚斯说。

24."'那他会喜欢那些华丽的东西吗,比如,漂亮的衣服和饰品?除了生活必需品,其他东西他是不是根本看不上?'

"'我想,'西米亚斯说,'真正的哲学家是瞧不起那些东西的。'

西米亚斯作出让步,完全同意自己老师的说法,虽然这些说法在大多数人看来是十分牵强和不切实际的。西米亚斯在对话中是次要的角色,他直截了当地说出了自己的想法,看上去十分简单明了。读者可以设想,西米亚斯在适当的时候确实会赞同苏格拉底的观点。苏格拉底这样说:

"'真正的哲学家不关心肉体,尽量不去注意肉体,一心专注于灵魂。让灵魂超脱于肉体,哲学家在这方面要比其他人强。[25.]大多数人只看重肉体的快乐,认为没有肉体的快乐生活就没有价值。在获取知识时,肉体是在阻碍而不是在辅助。视觉和听觉不能帮我们发现真理，正如诗人们常说的：听到的和看见的，全都是虚幻的。如果这两种感官都不可信，其他的就更不用提了。[26.]如果肉体不为灵魂服务，那么灵魂何时才能求得真理呢？灵魂要想求得真理，是不是得通过思考呢？如果不被眼睛和耳朵所左右，不被痛苦和快乐所影响，灵魂就能用最好的方式思考，此时它就能保持独立，摆脱肉体的干扰，专心探寻真理，难道不是吗？所以，哲学家的灵魂瞧不起肉体，并且会避开肉体。'"

这种推理对于善于思考的人来说，自然有吸引力和说服力，因为他们熟悉理论真理，如几何学原理。接下来提到的那种真理，即道德真理，也许就没有那么明显了。但柏拉图总是假定，道德真理也是或应该是"实在"。[1] 苏格拉底继续说：

27. "'世上有正义或公正这种东西吗？有美或善这种东西吗？有谁亲眼见过吗？或用肉体的感官觉察过吗？还有无数其他东西，包括大小、力量、健康和各种抽象的东西，我们能通过肉体的感官得知它们的本质吗？不能。我们必须用抽象的方式来理解这些事物，这才是理解它们的正确的方法。

28-29. "'只有借助思想，摆脱眼睛、耳朵的干扰，才能把握这些概念，才能获得真正的真理。因此，真正的哲学家们会对彼此说：我们必须沿着一条不同寻常的道路去追寻真理。只要我们还受肉体的影响和干扰，我们就永远达不到目的，就不能获得

〔1〕 实在，哲学名词，源于拉丁文"realitas"，英语为"reality"。这个概念源自柏拉图，可理解为是"真实"的，指实际存在的和可能存在的东西。柏拉图认为，理念的世界才是真实的存在，被感知到的事物只是理念的摹本。——译注

真理。肉体一直在阻碍我们。肉体需要我们供养，而且它还会生病，这些都在不断地干扰着我们。肉体还让我们充满了欲望、恐惧、幻想和愚妄，使得我们无法平静地思考。[30.]肉体和它的欲望是争吵、争斗、战争的根源，因为我们争来争去就是为了获得财富，为了满足肉体的需要。由于这个缘故，我们既没有时间也没有精力去研究哲学。最糟糕的是，当我们偶尔有时间来钻研哲学时，肉体又来捣乱，打断我们的思路，扰乱我们的视线，使我们看不到真理。如果我们想要探求真理，就要摆脱这种障碍，用灵魂去观察。我们这样做，就会得到自己所寻求的东西，也就是真理。按照这个推理，我们要做到这一点，不是在活着的时候，而是在死了之后。

31.“‘既然我们以血肉之躯不可能获得真理，那么以下两件事必有一件是真的：要么我们永远都不能获得任何知识，要么我们会在死后获得真正的知识，因为只有在那时灵魂才会独立于肉体。在我们的有生之年，要想获得真正的知识，就要尽量避免与肉体打交道，除非万不得已，否则绝不沾染肉体，要保持纯洁，不要受肉体的影响，等着神来解救我们。这样，我们就能脱离肉体的愚昧，自身就是纯洁的，就能与志同道合者为伴，就能认识到事物的纯粹的本质，也许，这就是求得真理了。而那些自己不纯洁的人是无法获得纯粹的东西的。

“‘我想，真正的哲学家就是这样想的，也会这样彼此共勉，你觉得呢？’”

正如之前对苏格拉底的回复一样，西米亚斯当然同意这一点。苏格拉底接着说：

32. "'如果真是这样,我的朋友,我就可以满怀希望地认为,走完了现在这段路,我就能达到自己一生所努力追求的目标了,难道不是吗？我要踏上的这段旅程有美好的前景,这前景是灵魂得到净化的人都会有的。这种净化就是把灵魂从肉体中分离出来,让灵魂摆脱肉体的束缚。[33.]这种分离和解脱,就是人们所说的死亡。真正的哲学家极度渴望这种解脱,他们专注研究的就是这种分离和解脱。那么,像我开头说的那样,如果一个人一生都在练习死亡,那在临死时他会悲痛欲绝吗？的确,真正的哲学家一直在研究如何死亡,死亡对他们来说一点都不可怕。他们深受肉体之苦,极力寻求灵魂的解放。如果到了灵魂脱离肉体的时候,他们却害怕了,那不是很荒谬吗？[34.]而且,你还可以想想看,许多人在朋友、妻子或孩子去世后,都愿意与死神相遇,到另一个世界去,希望在那里见到自己所爱的人并与他们在一起。真正爱智慧的人,坚信只有在另一个世界才能获得真正智慧的人,难道会在临死时感到愤怒和遗憾吗？难道会不愿意去那个能找到自己想要的东西的地方吗？这种人对死亡感到恐惧,不是极其荒谬吗？

35-36. "'因此,一个人面对死亡时感到悲伤和惊恐,这不就清楚地证明了,他不是真正的哲学家吗？他不爱智慧,只爱肉体;他爱财富或名望,或者两者都爱。是不是呢？

"'因此,只有那些不顾肉体的欲望、为哲学而活的人,才是真正拥有美德的人。勇敢是他们的特质,节制也是,这种节制是对欲望的克制和淡漠。而其他人的勇敢和节制,实际上是自相矛盾的。他们认为死亡是最大的坏事。勇敢的人不惧怕死亡,他们怕的是更大的坏事。除了哲学家之外,其他人的勇敢都来源于恐惧和怯懦。节制也是如此。一般人的节制来源于放纵。

他们放弃某些享乐,是因为贪图另外一些享乐。他们放纵,是因为贪图享乐。他们克制某些享乐,其实是因为被其他的享乐所控制。因此,正如我所说,他们的节制源于放纵。[37.]但是,亲爱的西米亚斯,这种交换不是获得美德的正确方法。这是以享乐换享乐、以痛苦换痛苦、以恐惧换恐惧,以大换小,就像拿小钱换大钱一样。一切美德都只能用一件东西来交换,那就是智慧。勇气、节制和公正,所有这些美德都是智慧造就的。美德只与智慧共存,享乐、恐惧等这类东西都是无足轻重的。没有智慧,那种交易性的美德就是闹着玩,是既不健全也不真实的庸俗的把戏。真正的美德是纯净的,节制、公正、勇敢和智慧,这些都是灵魂净化的结果。

38.“‘那些创立神秘宗教的人制定的教义,并不是毫无道理的。他们说,没有入教、没有按照仪式净化的人,到了另一个世界后会陷入污泥之中,而接受洗礼并得到净化的人将与诸神生活在一起。神秘宗教创立者说:加入者众多,但很少有人完全得到净化。在我看来,完全得到净化的人,就是真正追求哲学的人。我一生孜孜以求的,就是要成为那样的人。我的道路是否正确,我有没有成功,到达那里后,我就知道了。如果神愿意,我很快就要到了。

39.“‘西米亚斯和吉贝斯,这就是我的申辩。这就是为什么,我在离开你们和这个世界的主人时没有愤怒和抱怨。我相信,在那里和在这边一样,我也会有好主人和好朋友。许多人不同意这些观点,但如果我对你们的申辩能比我对雅典人的申辩要成功,那就太好了。’

“苏格拉底说完这句话后,吉贝斯回答说:‘苏格拉底啊,你所说的,在我看来大部分是对的,但你关于灵魂的观点,一般人很难认同。人们认为,灵魂离开肉体后就无处可去了。人死了,灵魂也就消失了,它飘走了,像气或烟一样散发了。如果灵魂能存在下去,并且自己聚成一体,摆脱你所说的那些罪恶,那么,苏格拉底啊,你所期待的幸福还是大有希望能获得的。[40.]但是,要让人们相信,人死后,灵魂还存在并且仍然拥有智慧和力量,这需要坚定的信念和有说服力的论证。'

"'你说得对,吉贝斯,'苏格拉底说,'可是我们该怎么办呢?我们探讨一下这个问题,看看我的观点到底对不对,好吗?'

"'好的,'吉贝斯说,'我很想听听你对这个问题的看法。'

"'说实话,'苏格拉底说,'我认为,任何一个人,不管他多么挑剔,都不会说我在空谈一些和自己不相关的事。要是你乐意的话,我们就来继续研究这个问题。我们想想看,死者的灵魂是否在另一个世界。有一种非常古老的观念认为,灵魂从这个世界到那个世界,又从那个世界回到这个世界。[41.]如果是这样的话,活人是从死人转世而来的,那我们的灵魂在死后必定依然存在。因为,如果灵魂不存在,那就不能转世了。如果我们能证明活人来自死者,那就能证明我们的灵魂在死后仍然存在。如果不能证明这一点,那我们就要寻找其他证据。'"

接着,苏格拉底开始证明灵魂始终存在这一观点。对于任何热爱思辨的人,这种反思和推理总是令人激动的。要证明生命是永恒的,除了单纯的推理之外,还需要别的东西。人类理性在这一问题上能达到的高度一直备受关注,尽管其中的一些观点并不能令人信服。我们把柏拉图那些冗长的对话删减了,用连续的形式呈现出来,以便更好展现这些论证。

第一个论点是刚刚说过的：生从死中产生，正如死从生中产生一样，因为任何事物都有对立面，都是从其对立面中产生的。正确的对立面是错误，公平的对立面是不公平。[42.]事物变大了，一定是从之前的较小的变的；变小了，就是从原先的较大的变的；变弱了，是从较强的变的；变快了，是从较慢的变的。较坏的是从较好的中产生的，较正义的来自较不义的。这其中有转变的过程，“大”与“小”之间通过“增加”与“减少”互相转化。[43.]还有其他的变化也是如此，比如，分离和组合，加热和冷却。醒是睡的对立面，所以生也有对立面，那是什么呢？显然，是死。正如“睡”的对立面是“醒”，死也有对立面，那就是生。[44.]因此，有生命的物和有生命的人是从死的物和死的人中产生的。既然我们承认，事物与其对立面之间互相转化，那我们就不能否认，在生死方面也是这样。死来自于生，生又来自死。因此我们说，死者的灵魂待在某个中间的地方，在那里等着复活。

45. 吉贝斯同意这种推理。接着，苏格拉底用另一个方法进一步证实了这一点。他说：

“如果事物不是这样循环往复，不是从对立的一面走到另一面，而是沿着一条直线向前，从一种状态到另一种状态，永远不回到最初的状态，也不转向，那么，所有事物最后都会处于同一个状态，达到终点后，也就不再变化了。如果只有睡着这回事，但没有醒来这回事，那结果就是大家都睡着了。恩底弥翁[1]也就没什么特别了。我们比他还睡得还香呢。如果所有

---

[1] 恩底弥翁，沉睡不醒的神人，希腊神话中的美男子，牧羊人，宙斯之子。据传说，月亮女神塞勒涅爱上了恩底弥翁，就请求宙斯让恩底弥翁长眠以永葆青春。——译注

的事物最终都会混在一起，那么，阿那克萨戈拉所说的，‘一切都是混合在一起的’，就是对的了。[46.]所以，如果活着的后来都死了，而死者也没有复活，一切都会以死亡告终，就没有什么是活着的。看来我们的推理是正确的，我们没弄错。确实有从死转生这回事，人死后灵魂仍存，好人的灵魂在较好的地方，坏人的灵魂在较差的地方。”

这种论点，由于希腊哲学家的特殊思辨方式和希腊语言的独特风格，目前恐怕还不能得到普遍的认同。我继续讨论其他论点。下一个问题涉及柏拉图很喜爱的一种学说。吉贝斯认为这是对前面论点的证实。他说：

47.“苏格拉底，你经常说，我们学习到的知识其实是回忆起来的知识，这话可以作为补充的论证。按照这种说法，我们一定是在以前的某个状态中学过我们现在回忆起来的东西。如果我们的灵魂在投入肉体之前并未处于某个地方，这就是不可能的。所以，这就证明，灵魂是不朽的。”

现在获得的知识其实就是先前已经拥有的知识，《美诺篇》以一种非常戏剧性的形式证明了这一点。在那里，一个男孩被一步步追问，最终完成了一个几何证明。[1] 柏拉图认为，这种证明是有重大意义的，是引人注目的，而且是新颖的。当吉贝斯

〔1〕《美诺篇》里最重要的人物是一个小童奴。苏格拉底引导这个从未接受过教育的小孩子完成了一个几何证明。苏格拉底因此得出结论：由于这个小孩在从未接触过几何学的情况下完成了这个证明，所以他之前必定已经知道几何知识，只是没有意识到而已。在当时，这个结论相当令人吃惊。——译注

提到这个证明的时候，西米亚斯并没有立刻想起来。西米亚斯打断吉贝斯说：

“你说的是什么证明，吉贝斯？提醒我一下，我这会儿实在想不起来了。”

48.“这是很好的证明，”吉贝斯说，“你向别人提问时，如果问得好，他们就能找到并说出答案。如果他们不知道这些知识，他们就做不到。如果你让他们看几何图形之类的东西，也能证明这一点。”

《美诺篇》对此有详细的解释。

“你要是还不信的话，”苏格拉底接着说，“那就请你想想，一切学习都只是回忆，对此你是不是有疑问？”

“不，”西米亚斯说，“我倒不是怀疑这一点，而是需要时间来做我们正在谈论的这件事——回忆。事实上，吉贝斯提起这些后，我就回忆起来了，也就相信了。但不管怎么说，我还是很乐意听你说下去。”

“我要说的是，”苏格拉底接着说，“我想我们都同意，一个人如果能回忆起一件事，那他一定以前就知道这件事。你可能也会认为，我们这种获得知识的方式就是回忆。对此，我要这样解释。”

接着，苏格拉底提出的观点，与《泰阿泰德篇》[1]中的观点

---

[1]《泰阿泰德篇》，柏拉图的一篇对话录，对话者是苏格拉底、塞奥多洛和泰阿泰德，其主题是“知识是什么”。——译注

非常相似，即我们的理念并不都来自感官。

49. "当一个人看到或听到一件事物时，他不仅知道这个事物，而且还会附带着想到另一件事物，这就是说，他回忆起了另一件事物。比如说，一个人看到一把竖琴或一件斗篷，就会想起这件物品的主人。[50.]一个人看到西米亚斯就想到吉贝斯。还有，一个人看到一匹马或一把竖琴的图片时，就会想起这个东西的主人。一个人看到西米亚斯的画像时，就会想到吉贝斯。因此，我们的回忆有时由相像的事物引起，有时由不相像的事物引起。当回忆来自相像的事物时，我们就会想，看到的和记忆中的有什么差异，二者是不是完全一样。想想看，我们会说，事物是相等的或不相等的。我不是说一根棍子和另一根棍子相等，一块石头和另一块石头相等，而是说除此之外，我们还要考虑某种真正的相等。[51.]我们知道有这种相等。那么，我们从哪里知道的呢？不是从我们看到的木棍和石头，因为它们实际上并不相等。那我们就是从其他方面知道的。两根木棍或两块石头，看起来有些方面相等，有些方面又不相等，而真正的相等绝不是不相等。因此，相等本身并不等同于相等的事物。然而，在看到相等的东西时，我们想到了相等。所以，我们看到一件东西时，就想起了其他的东西，这就是回忆。[52.]那么，我们看到的那些相等的东西，比如，木棍，其实并不是真正相等的，它们的那种相等和真正的相等是有差距的，它们接近相等，但并不真正相等。当我们看到某个东西时，就会想起和它类似的东西，那我们必定事先就知道和这个东西类似的那个东西。我们先是知道了什么是相等，然后又看到了类似的东西，发现它们很相像，但并不真正相等，还差点儿。[53.]还有，我们要知道什么是相等，只能靠看、摸或其他感觉。然而，我们感觉到的东西虽然接近相等，但又不真正相等，总是差着点儿。

“所以，在看、听或有其他的感觉之前，我们必定已经在某个地方获得关于真正相等的知识了。这样，我们就会看出来，一些东西很相像，但又不完全相等。我们一出生，就有了视觉、听觉等感觉。那么，在有这些感觉之前，我们就已经知道了什么是相等。[54.]我们不仅知道相等、大小等诸如此类的概念，而且还知道公正、美好、善良、虔诚，等等。总之，凡是我们讨论时涉及的“理念”，都包括在里面了。所以，我们必定在出生前就已经知道了所有这些。我们既然知道了并且没有忘记，那就应当一出生就知道并且一辈子都知道。因为知道就是获得知识并且一直保留着，而忘记就是失去曾经拥有的知识。

55.“然而，假设我们在出生前获得了某种知识，却在出生时失去了它，后来通过感觉又找回了曾拥有的知识，那么显然，我们所说的学习就是找回自己以前的知识，这也就是回忆。因此，以下二者必有一个是正确的：要么，我们从出生起就知道这些知识并且一生都知道；要么，我们学习知识就是找回原有的知识，也就是说，学习就是回忆。”

56.西米亚斯对此表示同意，而苏格拉底又进一步问他到底同意哪一种观点，我们的知识是与生俱来的，还是后天通过回忆获得的？西米亚斯说，目前他还回答不了这个问题。“好吧，”苏格拉底说：“如果一个人知道某件事，他就能解释清楚自己知道的这件事。人们能做到吗？”“唉，”西米亚斯说，“我希望是这样。但我担心，到明天就找不到能做到这一点的人了。”西米亚斯担心，苏格拉底离去后，就没人有这种领悟力了。“那么，”苏格拉底说，“人并不是生来就拥有知识，而是要通过回忆来重获自己曾知道的知识。人是什么时候获得知识的呢？不是出生以后，而是在此之前的某个时候。因此，我们的灵魂在转世之前就存在了，灵魂与肉体分离后还保有智力。”

57. 西米亚斯突然想到一点。“要不然的话就是，”他说，“我们得到知识是在出生之时而不是在出生之前，这种假设是可以的。”“很好，我的朋友，”苏格拉底说。“那么，我们是什么时候失去知识的呢？我们难道是在得到它的那一刻又失去了它？或者你能说出其他可能发生这种情况的时间吗？”“不能，”西米亚斯说，“我发现自己刚才是在胡说。”“那么，”苏格拉底现在总结了这个论点，“情况是这样的。如果我们常说的那些理念——公正、善良以及其他——是存在的，而当我们感受到这些理念时，觉得与它们似曾相识，并且总会把现在的感觉和那些理念联系起来，那么，我们的灵魂一定在我们出生之前就存在了。如果不是这样，我们的论证就失败了。如果这些理念确实是存在的，那我们的灵魂在我们出生之前必定也同样真实地存在过。”

西米亚斯十分赞同苏格拉底的观点，他说：[58.]“在我看来，这种必然的联系是十分明显的。灵魂必定和那些理念一样，都是真实存在的。很明显，美、善这些理念确实是存在的。对此，我们已经论证得很充分了。”

虽然这一论点并不能为一般人所接受，但是，苏格拉底的弟子们所探讨的这些观点，对于有思想的人能产生不小的影响。的确，现在几乎没人对“灵魂先存说”提出异议，但对这一理论的论证通常没人认可。但是，关于“实在天赋”[1]的观念，即观

---

[1] 这种观点认为，人的一些概念和知识不是来自经验，是一种先天的知识。也就是说，人在出生时就已经拥有某些概念和知识，这些概念和知识不是通过经验获得的，而是与生俱来的。这些概念和知识包括存在、本体、属性、因果，等等，它们是思维的基础，是对外部世界认知的必要条件。——译注

念不是来自感官而是来自其他来源的存在,当今有许多拥护者。持此观点的人还认为,灵魂独立于肉体之外,因此,灵魂可以在离开肉体后继续存在。在那些不认可“实在天赋”观念的人当中,有许多人还是承认,我们有先天的官能,这些官能是与生俱来的,通过这些官能,观念才得以形成,而这些官能是不能单从感官得来的。在这一学说中,人们找到了“灵魂独立于肉体并在离开肉体后继续存在”的依据。灵魂不朽的观点,可以被视为自然宗教的一部分,和柏拉图在此讨论的话题密切相关。

西米亚斯对苏格拉底关于灵魂不朽的论证表示满意,接着是一段简短的对话,争论有所缓解,而这位即将死去的智者进一步解释了自己的信念和希望。

“那吉贝斯呢?”苏格拉底问道。“我们也要说服吉贝斯啊。”西米亚斯替他的同伴回答说:“我相信他赞同我们的观点,尽管他是个很难说服的人。”接着,他对苏格拉底的论证提出了质疑,承认自己认可吉贝斯的说法。他说:

“我想吉贝斯相信,我们的灵魂在我们出生前就已经存在了。但我们死后灵魂是否还存在,他和我对此都表示怀疑。大多数人认为,人一死,灵魂就消散了,一切也就都完结了。[59.]即使灵魂以某种方式生成了,在进入肉体之前就存在,但是当它进入肉体又脱离了肉体后,凭什么还能存在而不消亡呢?”

吉贝斯对此表示赞同。

“你说得对,西米亚斯。我们只证明了前半部分,那就是,灵魂在我们出生前就存在了。我们还要证明,灵魂在我们死后也同样会存在。这样的话,我们的证明才是完整的。”

苏格拉底很从容地回答了这个问题。

“我的朋友们,我们之前得出的结论说,一切生命都源于死亡。现在我又证明了,灵魂在我们出生前就存在了。把这两个这个结论联合起来,我们的证明就完成了。因为,如果灵魂在我们出生前就存在,而它只能从死亡状态中再次产生,那它必然在我们死后还存在,这样它才能再生。这就是你们想要的证明。

60.“不过,你和西米亚斯或许还想进一步讨论下去。你们像小孩子一样害怕,怕灵魂离开肉体后被风刮走和吹散,假如死的时候天气不好,刮着大风,那就更可怕。”

听了这话,吉贝斯笑着说:“好吧,苏格拉底,假设我们会害怕,那你就鼓励和安慰一下我们吧。或者倒不如说,我们不害怕,而我们内心中有一个小孩子,是他在害怕,我们要说服他不要害怕死亡,让他不要觉得死亡是妖怪或幽灵。”

“好吧,苏格拉底说,要做到这一点,我们就要使用某种魔力,天天给那个小孩子念咒语,这样才能赶走他的恐惧。”

“可是,苏格拉底,你就要离开我们了,让我们到哪里去找这种会念咒语的人呢?”

61.苏格拉底回答说:“吉贝斯,希腊是个大地方,有许多好人,还有很多外邦人。你们可以去探访这些人,去找我们所说的那种会念咒语的人。别怕费钱费力,因为没有什么事比这件事更值得我们出钱出力的了。你们要在自己人中寻找,因为在别处你们很难找到有这种能力的人。”

寻找能够使人摆脱对死亡的恐惧的法师,不仅要在希腊找,而且还要到其他地方去找,这个建议的确让我们感到震惊,因为我们知道,这样的法师可能来自一个柏拉图从未听说过的地方。

苏格拉底继续说明这些观点的依据。

“这要以后再说了，”吉贝斯说，“不过，如果你愿意的话，我们还是回到刚才讨论的话题吧。”

“我当然愿意了。”

“很好。”吉贝斯说。

于是，苏格拉底开始阐述自己的观点，这个观点至今对我们仍有很大的影响。只是，现在我们论证这个论点的方式与苏格拉底当时论证的方式有所不同。苏格拉底是这样论证的。复合的东西最容易灭亡，因为它们会分解、会解体。当灵魂离开肉体时，肉体就会分解并死亡，因为肉体是复合的物质。但是，灵魂是复合的吗？如果不是，它就不会因分解而灭亡。灵魂不是由各个部分组合而成的，也就不会分解成自己的组成部分。灵魂是结构单一的，这可以用思考和感知来论证，因为思考和感知就是单一简单的活动。因此，灵魂不会像肉体那样，不会因分解成各个部分而消亡。灵魂是单一简单的，因此是坚不可摧的，是不朽的。

这是我们现在经常看到的论证方式。

这个论证的后半部分，从灵魂的思考和感知来证明灵魂是单一的和不可摧毁的，与柏拉图在这里的论证有些不同。柏拉图从灵魂是永恒不变的这一本质出发，证明灵魂的不朽性。不过，灵魂不是由各部分结合而产生的，苏格拉底在后面的论证中提出了这一点，认为灵魂是各个元素复合在一起的和谐。现在，我们先从肉体复合的性质出发简要地阐述苏格拉底的论点。像往常一样，他的听众对此表示赞同。

62.“我们要先问问自己，什么东西最容易散开？对于什么东西，我们最担忧会出现这种结局，而对于什么东西，我们没有这种担心呢？接下来我们看看，灵魂属于哪一类，据此我们就可以知道，对于灵魂是该怀有希望还是要为它担心。

“由各个部分组合而成的东西，也就是复合的东西，容易分解成它的组成部分。不是复合而成的东西，如果有这种东西的话，那一定是不容易分解的。那些一成不变、始终如一的东西，就很可能不是复合而成的，而那些总是不断变化的事物，就很可能是复合的。

“回到刚才我们谈到的话题，我们讨论的那些理念，比如，绝对的相等、绝对的善、绝对的美等，这些都是始终如一的，是单一而一致的，是一成不变的。

63.“然而，许多东西，比如，人、马、衣服，等等，也可以称为是‘美’的，它们是一成不变的吗？还是说，它们变化多端、不能始终如一呢？对于这些东西，你看得见、摸得着，能感知到，而对于那些始终不变的东西，你只能用理性去认知，它们是看不见的。

64.“那么我们就可以说，世界上有两类东西：看得见的和看不见的。看不见的东西是始终如一的，而看得见的东西总是在变化。我们的灵魂是前者，而我们的肉体是后者，难道不是吗？我们的肉体是可见的，而我们的灵魂是不可见，难道不是吗？我们说的看得见和看不见，指的是凡人的眼睛。而灵魂是无形的存在，类似于我所说的始终不变的存在。

65.“但对此还有问题要讨论。我们说过，灵魂借助于感官来认知，也就是要用肉体来观察，这时候，灵魂就会受到肉体的干扰，它会飘忽不定、头晕目眩，好像喝醉了似的。但是，当灵魂自己独立思考时,它就会进入纯洁的、永恒的、不朽的和不变的世界,就能感受到那里的事物的本性。它不再到处乱跑,它和那些不变的事物待在一起,自己也安定下来了,这种状态就叫作智慧。

“从我们的讨论来看,这两种存在,永恒的和易变的,灵魂和哪一种更像、更接近呢?”

66. 吉贝斯回答说:“苏格拉底,听了我们的讨论后,再愚蠢的人也会说,灵魂更像永恒的东西,不像易变的东西,但肉体是易变的,不是永恒的。”

尽管吉贝斯已经被说服了,但苏格拉底还是从另一个角度进一步论证了自己的观点。

“我们换个角度来看这件事,”他说,“灵魂和肉体结合在一起,依据天性,肉体处于服从和被统治的地位,而灵魂是统治者和主宰者。在这方面,你认为二者中哪个更像神圣的,哪个更像凡俗的?神圣的依据天性是统治者和主宰者,而凡俗的应该服从和被统治,难道不是吗?那么,灵魂与哪个更相像呢?显然,灵魂像那神圣的,而肉体像凡俗的。

“那么,吉贝斯,根据刚才的讨论,我们的结论是,灵魂应该与那些神圣的、不朽的、智慧的、统一的、不可分解的、永恒不变的东西归为一类,而肉体则属于凡俗的、不能永生的、没有智慧的、多样的、可分解的、不断变化的那类。我们能不能这样认为呢,亲爱的吉贝斯,这个结论正确吗?”

“这个结论是对的。”

67. “既然这样,”苏格拉底说,“肉体注定很快就会分解,相比之下,灵魂则是不可分解的。人死时,可见的那部分是肉体,我们称之为尸体。尸体注定会分解消失,但不会立即就这样,只要状况良好而且季节适宜,尸体可以在相当长的一段时间内保持不变。事实上,如果把尸体防腐保存,就像埃及人那样,尸体可以在很长一段时间内不会腐烂。即使其他部分腐烂了,尸体的某些部分,比如,骨头,也坏不了。[68.]而灵魂,这个不可见的部分,会去另一个地方,那里和灵魂一样,也是不可见的、纯洁的和高贵的。那地方就是冥府,灵魂到善良和智慧的神那里去了。如果神愿意,我的灵魂很快就要到那里去了。灵魂既然具有我们所说的比肉体优越的本性,那么,它离开肉体后,难道会像大多数人想的那样,化为乌有、立刻消亡吗?亲爱的吉贝斯和西米亚斯,决不会的!相反,结果是这样的:灵魂干净利落地离开肉体,不带走肉体的任何成分。它一生中都不愿意和肉体混在一起,尽量躲开肉体,自己缩成一团。它一直在学习和研究怎样摆脱肉体,也就是说,它真正地在追求哲学,学习如何平静地死去。这才是真正的哲学,不是吗?那么,作好准备之后,灵魂就离开了,去了那个和自己一样的不可见的地方,一个神圣的、不朽的、智慧的地方。然后,它在那里无比幸福,它摆脱了恐惧、愚昧、无知和人类的其他邪恶,就像神秘宗教创立者所说的那样,它和诸神永远在一起了。我们就是这样认为的,还是有别的观点呢,吉贝斯?"。

吉贝斯很激动,他说:"没有其他的观点,肯定的。"

苏格拉底接着又谈到另一方面。

69."可是,有的灵魂离开肉体时污秽不洁,老是和肉体混在一起，侍奉肉体，沉迷于肉体，被肉体的欲望和享乐所迷惑。对这种灵魂来说，唯独有形的东西，也就是摸得到、看得见、能吃能喝、能用来寻欢作乐的东西，才是真实的。而对于那些肉眼看不见、只能用思想去捉摸的东西，这种灵魂总是既憎恨又害怕，避之而不及。你认为这样的灵魂是纯洁的、干净的吗？不是的，这种灵魂被自己的肉体覆盖着，与肉体的频繁交往和紧密结合使它成了肉体的一部分。”

这里暗示，这种灵魂不可能去到一个纯洁和幸福的地方。不论当时还是现在，人们普遍都相信鬼魂的存在，这种信念在这里得到了证实。

“我们相信，这种灵魂死后背负的包袱，必定是粗大的、沉重的、凡俗的、可见的。背负着沉重负担的灵魂，再次被拉回到可见的世界。这样的灵魂对不可见的世界——也就是冥府——充满恐惧。这种灵魂在坟地和墓碑中徘徊，人们在那里经常能看到这样的幽灵。这些灵魂脱离肉体时不干不净，带着一些有形的和可见的成分，因此，它们能被肉眼看见。”

“苏格拉底，这是很可能的。”

70.“是很可能的，吉贝斯。但这些灵魂不是好人的，而是坏人的。它们被迫在死后流浪，为自己过去的恶行接受惩罚。它们徘徊着，沉迷于对肉体的欲望中，然后，这种欲望又使它们走入另一个肉体中。在那个肉体中，可以想象，它们在习惯上与前世一样。那些贪吃、放纵、酗酒、不知节制的，会变成驴之类的牲口。那些不义的、残暴的，会变成狼、鹰和秃鹫。其余的也是如此，各自都按其习性有了归宿。难道不是这样的吗？

71.“最幸福的、去处最好的人,是那些正义的、节制的、遵守社会公德的人,他们并不懂哲学和理性,这样做只是出于习惯和天性。他们为什么会幸福呢?因为他们很可能会成为温和的、有社会性的物种,比如,蜜蜂、黄蜂和蚂蚁,也可能又回到人类中,成为好人。

“但只有那些追求哲学、与肉体脱离干净的人,那些热爱真理的人,才能加入众神之中。

“因此,亲爱的西米亚斯和吉贝斯,那些真正追求哲学的人,能克制肉体的欲望经受各种考验,抵制一切诱惑。他们不像普通人那样贪财,他们不畏困苦、不畏贫穷。他们也不像那些被荣誉和权力冲昏了头脑的人,他们不怕丢面子、不怕坏名声。[72.]他们走自己的路,不在意那些东西。他们关心的是灵魂,而不是肉体。他们与普通人不同,他们认为那些人不知道自己要往何处走。他们相信,哲学能救助和净化人,因此,他们一心听从和追随哲学。

“你问他们是怎么做到的?我来告诉你。热爱真理的人知道哲学是怎样有益于灵魂的。这些爱学问的人知道,灵魂被束缚在肉体上,不能直接观察,只能透过肉体这道狱墙去看,因此灵魂沉溺在黑暗中。灵魂被监禁的原因在于自己的肉体的欲望,所以监禁灵魂的帮凶是囚徒自己。[73.]爱学问的人还知道,哲学会包容这纠结的灵魂,会安慰它,设法救出它,会告诉它,眼睛、耳朵等这些感觉充满着欺骗,并说服它尽可能不要相信这些东西,会吩咐它要守住自我,要相信自己具有获得真理的独特的、天生的能力,会告诉它,以其他方式感知到的东西都是不真实的,因为这些东西都是看见的和听见的,而灵魂可以看到的是那些不可见的、要用智慧去体会的东西。真正的哲学家的灵魂绝不会拒绝这种解放，因此，它会设法摆脱快乐、欲望、悲伤和恐惧。它意识到，当一个人处于极度的喜悦、恐惧、悲伤或欲望的支配之下时，他受害程度之深是自己想不到的，他遭受到的危害是最大最凶的。[74.]那种危害就是，当灵魂感到快乐或痛苦时，就会觉得引起这种情感的东西是非常清晰和实在的，这样灵魂就屈从于肉体了。快乐和痛苦就像钉子一样，把灵魂钉在肉体上，使灵魂成为肉体的附属物，灵魂就会相信肉体对事物的判断。灵魂有了和肉体一样的感知和快乐，也就有了和肉体一样的习惯和性格。这样，灵魂就不能干干净净地到另一个世界去，而是要带着肉体一起离去。灵魂很快进入另一个肉体，像撒下的种子一样再次生长。因此，这种灵魂和神圣的、纯粹的、一致的东西毫无关联。”

我们现在也许不同意柏拉图的这种观点，即灵魂的净化和升华是研究抽象真理——也就是他所说的哲学——的结果。但是，以这种方式和态度来寻求心灵的净化和升华，的确是一种高尚的人生计划。苏格拉底继续用同样的口吻说：

75.“哦，吉贝斯，正是由于这些原因，真正热爱真理的人是有节制的和勇敢的，而且他们的动机并不像大多数人所认为的那样。爱智慧的人的灵魂和别人不同，他能认识到，当哲学使他自由后，他不该再沉浸在快乐和痛苦中，不该像珀涅罗珀[1]那

---

[1] 珀涅罗珀，出自荷马史诗《奥德赛》，是英雄奥德修斯的妻子。在丈夫奥德修斯远征特洛伊失踪后，珀涅罗珀成了年轻的寡妇，她的美丽和财富吸引了很多人来求婚。坚贞不渝的珀涅罗珀为了摆脱求婚者，就宣布，等她为公公织完寿衣布料后，再谈婚事。她白天织布，夜晚就拆掉。这样，她织了又拆，拆了又织，拖延着时间，等丈夫归来。后来，奥德修斯回来了，夫妻终于团聚了。——译注

样织了衣料又拆掉，白费功夫。他的灵魂能平静地对待这些情感，能遵循和追随理性，能用理性来思考什么是真实的和神圣的。他不会理睬别人的意见，能用真理来滋养自我。这灵魂相信，生命还在时就该这样活着，而在死后就要去一个适宜的地方，摆脱掉人类的罪恶。西米亚斯和吉贝斯啊，有了这样的教养和准备，灵魂就不必担心自己在离开肉体后会被风吹散而消失，会完全不复存在。”

道德高尚的人最终会获得幸福，这种信念以及随之而来的面对死亡时的镇定自若，哲学家的这种心境的确令我们钦佩。然而，无论多么伟大的哲学家，在面对即将到来的死亡时，一定会是很严肃的。苏格拉底也是如此。说完这些话，他沉默了一会儿。如果说他的雄辩已经很动人了，那他的沉默则更加动人，因为这表明他是多么深切地感受到自己的非凡处境。谈话就这样接着进行下去。

76.“说完这些后，苏格拉底沉默了好久，估计他正在思考刚才说的话，我们大多数人也在思考。而吉贝斯和西米亚斯聊了起来。苏格拉底看到了，就问他们：‘你们在说什么？我有什么问题没解释清楚吗？要把这个问题彻底讨论清楚，肯定会有许多疑点和不同意见。如果你们谈的是别的事情，那我就不说什么了。但如果你们对我说的话有疑问，请大胆地说出来。要是你们觉得我能帮上忙，那就带上我一起来讨论吧。’西米亚斯说：‘好吧，苏格拉底，我对你实话实说吧。我俩早就有疑问了，都互相催对方向你提问，想听听你的想法。但因为怕给你添麻烦，我们就拖着没问。依你现在的境况，我们不想让你不

高兴。'

77."听到这里,苏格拉底温和地笑着说:'唉,西米亚斯!我不认为自己目前的处境很不幸,关于这一点,如果我连你们都说服不了,就更别指望说服其他人了。你们是担心,我现在比平时更难对付吧。你们是不是认为,我还不如天鹅。据说,天鹅在临死时会唱出最美妙、最动听的歌,因为它们知道要去见自己所侍奉的神了,它们特别高兴。可是,害怕死亡的人对此是无法理解的,他们会误解天鹅,说天鹅为死亡悲叹,所以才唱得特别响亮。他们不知道,鸟儿在饥饿、寒冷或痛苦时是不会唱歌的,甚至连夜莺、燕子和戴胜——据说它们是唱哀歌的鸟类——也是这样。就我而言,我不认为这类鸟是因为痛苦而歌唱,天鹅也不是。天鹅侍奉阿波罗,我相信这种鸟能预知未来。它们预见到,在另一个世界里有幸福在等待着它们,所以它们就在临死时歌唱,唱出最快乐的歌声。

78."'我想,我和天鹅一样,侍奉的是同一位主人,献身于同一位神。我也从主人那里得到了预见未来的能力,在这方面我毫不逊色于天鹅,临死时我也跟天鹅一样,毫不悲伤。趁雅典的十一人官还没来,你们只管说、只管问吧。'

"'好的,'西米亚斯说,'我把我的困惑告诉你,吉比斯也会说说,他对你说的话有什么异议。'"

面临死亡时,苏格拉底明确地说出了自己的信念,那就是,死后会去另一个世界,而今生的品德是去往另一个世界的最好准备,这自然令他的朋友们钦佩。但更让他们钦佩的是,在生命的最后时刻,苏格拉底能清楚而敏锐地回应反对意见,并以平静和镇定的态度这样做,开玩笑时也不显得不合时宜。西米亚斯在提出反对意见前做了一些铺垫，表明哲学思考是自由的。他说：

“啊，苏格拉底，我想，也许你也这么认为，在我们活着的时候弄清楚这些事，要么是不可能的，要么是非常困难的。可是，我们必须彻底考察各种观点，要寻根问底认真地思考，在精疲力竭之前决不放弃，否则，我们就是弱者和懦夫。我们必须做到以下二者之一。要么，必须知道真相是什么。要么，如果做不到，那就要接受最好的、最合理的说法，拿来当作木筏，碰碰运气，努力渡过难关；除非我们能找到更安全、更结实的船只，也就是说，除非能得到神圣的启示，能让我们更加平稳地航行。

79.“所以，既然你说了，我就毫不犹豫地把自己的困惑告诉你，这样我就不会因为有话不说而埋怨自己了。在考虑这些问题时，不论是我自己思考，还是和吉贝斯一起讨论，我都感到不是很满意。”

“好吧，”苏格拉底说，“也许你是对的，你对什么感到不满意呢？”

“我不满意的，”西米亚斯回答说，“就是这个。关于肉体和灵魂，可以用竖琴和琴弦与琴的和声比照着说。可以说，调好的竖琴奏出的和声是看不见的、无形的、美丽的、神圣的，而竖琴和琴弦是物体，就像肉体，是复合的、尘世的东西，是会消亡的。按照你的说法可以这样推理：即使砸坏了竖琴，割断了琴弦，但和声仍将存在。是不是呢？琴弦是尘世的东西，琴弦一旦断了，竖琴就不存在了。但和声是神圣的和不朽的，是不会消失的。也就是说，和声必定会存活下来，即使竖琴的木料和琴弦烂掉了，和声也仍然存在。[80.]苏格拉底，要知道，灵魂和肉体是联系在一起的,我们的肉体处于热与冷、干与湿这些相反元素的协调与平衡之中,我们的灵魂就是这些元素的混合,是它们适当组合后产生的和谐。如果灵魂是这样一种和谐,那么,当平衡被破坏,当肉体因疾病或其他原因而太紧绷或太松懈时,灵魂,不论它有多么神圣,都必然会灭亡。此时,灵魂就像弦乐的和声以及其他艺术作品的和谐一样,是会消失的,而物体残留的碎片却能保存较长一段时间。如果有人说,灵魂是肉体各部分组合后产生的,所以会在所谓的死亡时首先消亡,那么,请想想看,对此我们该怎样回复。"

81."苏格拉底像往常一样,机灵地看着我们,微笑着说:'西米亚斯说得很有道理。你们谁比我强,就回答一下吧。但是在回答之前,我想我们应该先听听吉贝斯的意见,看他对我们的说法有什么反对意见,这样我们也有时间思考一下该怎么回答。两种说法都听完后,如果和我们的观点一致,我们就表示同意,如果不一致,我们就反驳。那么,告诉我们,吉贝斯,你的困惑是什么,为什么你不同意我们的观点呢?'

"'那我就说了,'吉贝斯说,'我认为,我们的论证还停留在原来那个地方,仍然不能驳倒我之前提出的反对意见。我不否认,你已经巧妙地、明确地证明了,我们的灵魂在进入现在的肉体之前就已经存在了。但是,我们死后灵魂还会存在,这一点在我看来就不那么清楚了。然而,我也不同意西米亚斯的观点。我认为灵魂比肉体强大和持久。[82.]那么,你也许会说,你为什么还不信呢?你看到了,人死后,最弱的那部分仍然存在,是不是呢?较强的那部分应该存活得更久,不是吗?请听听我的回答。像西米亚斯那样,我也打个比方。我觉得,这就好像是,一个老织工死了,我们会说类似的话,说他没有死,他还活在某个地方，我们拿出他织的衣服作为证据，那衣服还在，并且完好。如果别人不信，就继续问，一个人的身体和他穿的衣服，哪一个更经久？回答是，人要经久得多，这就会被用来证明，老织工一定还活着，因为不那么经久的衣服还好好的呢。

83.“‘可是，西米亚斯，情况并非如此。请你们认真听我说。任何人都能看出，这个论证是荒谬的。那个老织工编织并穿破了许多衣服，他在许多衣服破损了之后死去，只是他死时那最后一件衣服还是完好的。所以这并不能证明，人比衣服更软弱、更易坏。比较一下灵魂与肉体，也是如此。我们可以说，灵魂更持久，肉体更易逝，而且，灵魂消磨过许多个肉体，长寿的肉体尤其耐磨。肉体处于不断变化中，最终会坏掉，灵魂就会在旧衣服穿坏的时候为自己织一件新衣。灵魂消亡时，最后一件衣服还没有破损。灵魂一走，肉体就显出自己的脆弱，很快就腐化了。[84.]所以，你现在并没有确凿的证据让人相信，人死后灵魂仍然存在。

“‘退一步说，假定我们承认，灵魂是不朽的，灵魂不仅在我们出生前就存在，而且有些灵魂在我们死后还会继续存在，并且还一次次地重生和消亡，灵魂是极其持久的，经历了许多的肉体。但是，即使是这样，灵魂还是会在一次次的生死中疲惫不堪，会在其中的一次死亡中走向最后的终结。到底是在哪一次肉体的死亡中，灵魂也会随之消亡，这谁也不知道，谁也无法预见到。如果是这样的话，没人不畏惧死亡，除非他能证明灵魂是绝对不朽的、是不会消失的。所以，一个人要是在临死时想到，灵魂在脱离肉体后可能会彻底灭亡，他是会感到害怕的。’”

85.“听到这些谈话，”裴多接着说，“我们所有人都很沮丧。事后我们谈起这件事，也都承认这一点。本来，苏格拉底的论述已经把我们说服了,但现在我们又陷入了糊涂和困惑之中。我们开始怀疑之前的论证,而且以后能否得出确切的结论,我们也心存疑虑。我们似乎无法对这个问题作出判断,或者这个问题本身就没有定论。”

艾:“当然,斐多,你有这种感觉,我可以理解。听了你的话,我也在想:我们该相信什么样的论证呢?苏格拉底的论证本来很有说服力,但现在似乎不可信了。说实在的,灵魂是某种和谐,对这种观点我一直很感兴趣,现在你一提起,我就想起来,以前我确实是这么认为的。但要我相信灵魂不会和肉体一起死去,就要从头做起,重新论证。因此,我恳请你告诉我,接下去苏格拉底是怎样辩论的,他是像你们那些人一样,感到十分困惑,还是沉着地继续论证呢?他的论证是否令人信服呢?请尽量仔细地讲给我听。”

86. **斐**:“我一向敬佩苏格拉底,但从未像当时那样敬佩他。他能够回答,这并不意外。但令我惊讶的是,他在倾听年轻人的反对意见时是那么的亲切、温柔、和蔼。而且,他能迅速地察觉这些意见对我们的影响。还有,他使我们从沮丧中恢复过来,在我们正要溃逃时,他立即鼓励我们,引导我们回到讨论中来。”

斐:“他是怎么做到的?”

艾:“我会告诉你的。当时我坐在他床右边的一张矮凳上,他坐得比我高好多。他放下手来,抚摸着我的头,把我颈后的头发握在手里——他喜欢这样玩我的头发——说:‘斐多,你是不是打算明天就把这些漂亮的头发剪掉,以示哀悼呢?’

“‘我想是的,苏格拉底。’我回答。

87. “‘如果你愿意听我的话,’他说,‘那就别这么做。’

“‘你是什么意思?’我说。

"'如果我们的论证完全失败,再也说不通了,那你今天就要剪掉头发,我也要这样做。如果我是你,如果灵魂不朽的论点被推翻了,我就会像阿尔戈斯人[1]那样起誓,我要是不能驳倒西米亚斯和吉贝斯,就决不留头发。''可是,'我说,'据说,连赫拉克勒斯[2]也不能独自对付两个人。''好吧,'他说,'趁天还亮着,把我当作你的伊俄拉俄斯,[3]让我来帮你一下吧。''我要你帮助我,'我说,'不是像伊俄拉俄斯帮助赫拉克勒斯那样,而是像赫拉克勒斯帮助伊俄拉俄斯那样。''但是有一个错误我们必须要避免。''什么错误?'我问。'这个错误就是厌恶论证,就像有些人厌恶人类那样。没有比憎恨论证更不幸的了。[88.]厌恶论证和厌恶人类都出于同样的原因。厌恶人类的缘由是,在不知情时极为信任某个人,认为这个人是真诚的、可靠的、可信的,但后来却发现这个人是虚伪的、不诚实的,然后又对另外一个人发生同样的事。当这种经历接连发生许多次后,特别是和最可靠的朋友打交道也是这样时,他就会憎恨所有的人,认为没有一个人是诚实的。这种情况你见到过吗?''当然见到过。'我说。'这不是很糟糕吗?'他说,'很明显,不懂人的本性的人与人打交道,就会出现这种结果。如果一个人真正了解人性,他就会知道,非常好的人和非常坏的人实际上很少见,大部分人都在两者之间。'[89.]'你这话是什么意思?'我问。'我是说,'苏格拉底说,'就像特别高的人和特别矮的人都很少见一

---

[1] 当时的希腊被统称为"阿尔戈斯",是一个很松散的城邦联盟。据说,阿尔戈斯人在和斯巴达人交战失败后就发誓说,若不能反败为胜、收回故土,就绝不留长发。——译注

[2] 赫拉克勒斯,古希腊神话中伟大的英雄,是一位半神,天生力大无穷。——译注

[3] 伊俄拉俄斯,赫拉克勒斯的侄子,同时也是这位大英雄的伙伴。——译注

样。很快的和很慢的,很美的和很丑的,很白的和很黑的,这些都很少。在任何情况下,极端的都是罕见的,而处在中间的则是很多的。假设有一个比试谁最坏的竞赛,那获胜者一定是很少的。不过我跑题了。[1] 论证在这方面也是如此。一个不懂论证的人对某个论点深信不疑,后来又认为这个论点是错的,而对于实际上是对是错却在所不问。这种情况一再重复。久而久之,这个人就对什么都不相信了。你会发现,那些特别喜爱争辩的人总是觉得自己最聪明,认为一切都是不可信的,都像尤里普斯[2]的水流一样,忽上忽下,总是不稳定的、易变的。'‘你说得很对。'我说。

90."‘假如,'他说,‘某个论点确实是可靠的并且是易于理解的,而有人由于总是陷于不确定的论证,所以不相信论证,对正确的论点也充满怀疑,他不责备自己,不怪自己不会论证,而是责怪论证本身并厌恨论证,这样的话,他就无法认识真理,也就不能获得知识了。这难道不是很可悲的吗?'‘确实很可悲。'我说。‘那么,首先,'他说,‘我们要避免犯这种错误,不要认为没有什么论证是可靠的。我们要承认自己不够聪明,要鼓足勇气,让自己强大起来。你们为自己未来的日子要这样做,我为了很快就要到来的死亡也要这样做。这样,我就像个哲学家了,而不像是个爱争论的、没教养的人。[91.]爱争论的人不分是非,只知道说服他人接受自己的观点。我和他们不一样。我并不热衷于说服别人,而只想让自己信服。你们看看,我亲爱的朋友,我的论证有没有道理啊。如果我的观点是正确的,那就应该相

[1] 苏格拉底说这些离题的话,也许是为了表明自己是很放松的。——原注

[2] 尤里普斯,一个著名的海峡,位尤卑亚岛和希腊大陆之间,最窄处仅有40米,海湾狭窄,波涛汹涌,常常在一天内就会出现多次潮涨潮落。——译注

信它。如果我死后什么都没有了，我也不会在临死时哭哭啼啼惹人烦。因为我的无知不会持续太久，很快就会结束的。西米亚斯和吉贝斯啊，做了这些准备，我就要开始辩论了。如果你们愿意接受我的建议，那就少想苏格拉底，多思考真理。如果我说的是对的，你们就接受；如果不对，你们就拒绝。要注意，别让我因为着急而欺骗了你们和我自己，别让我像蜜蜂似的把刺留在你们身上。'"

在回应西米亚斯和吉贝斯的争辩之前，苏格拉底作的铺垫似乎有些冗长。然而，这里的最后一句话非常感人。苏格拉底恳请他的朋友们要相信真理，相信他所怀有的关于永生的希望，因为他现在不得不离开人世了。接着，苏格拉底对争点简单重述了一下，这也拖延了一些时间。

92. "我们开始吧。"他说。"如果我忘记了你们说的话，请提醒我一下。我想，西米亚斯有点怀疑和担心。他虽然承认灵魂是比肉体神圣和优秀，但还是认为，灵魂像是和声，会先于肉体灭亡。吉贝斯同意我的看法，承认灵魂比肉体要持久。但他又说，谁也不会知道，灵魂在磨损了许多肉体之后，是否会在离开最后一个肉体时灭亡，这也许就是死亡，灵魂的死亡才是真正的死亡。你们是这么说的吗，西米亚斯和吉贝斯？"他俩都说是的。"那么，"苏格拉底说，"我们之前的论证，你们全都不认可吗？还是只不同意其中的一部分？"他们说，不同意一部分，其余的是同意的。"好，"苏格拉底说，"我们说过，学习就是回忆，你们对此怎么看？灵魂在进入肉体之前，一定在什么地方待着，是吗？"

93.“就我而言,”吉贝斯说,“以前完全认可这一点,现在还是这样,对此深信不疑。”

“我也是一样,”西米亚斯说,“要是我有别的想法,那才怪呢。”

“可是,”苏格拉底说,“我的底比斯朋友,你是有别的想法呀。你认为,灵魂是由肉体及其元素复合而成的和谐。你总不能说,由各个元素复合在一起的和谐,在这些元素组合之前就已经存在了。”

“当然不能这么说,苏格拉底。”

“但是,细想一下,你确实是这么说的。你说灵魂在进入肉体之前就存在了,又说灵魂是肉体各部分的和谐。和声在这方面并不像灵魂。必须先有了竖琴、琴弦、琴声,然后和声才能产生,和声是最后出现的。你的两种说法是不一致的。”

“是不一致。”西米亚斯说。

94.“然而,如果有什么说法是协调一致的,那一定是关于和谐的说法。”“应该是的。”西米亚斯说。

“但你的说法目前还是不一致。那请选择一下吧,你支持哪一种观点:学习就是回忆,还是说,灵魂是一种和谐?”

“我选择前者,苏格拉底。”他说。“对于后一种说法,我在没有依据的情况下就提出来了,因为它有可能并且貌似有理,而且许多人都相信这种说法。但是依据经验我知道,单凭可能性来论证是多么地荒谬,在几何学中如此,在其他领域也是这样。但是关于学习和回忆的说法是建立在可靠的论证之上的。我们已经证明了,灵魂是先于肉体存在的,正如理念先于我们观察到的事物一样。善这个理念先于我们对善的事物的观察。空间这个理念先于我们对空间中事物的观察,比如,对人物的观察。我相信,这一点是完全正确的。因此,我不认为灵魂是一种和谐,别人这么说我也不同意。”

95-99. 为了证明自己的论断,苏格拉底进一步反驳了灵魂是和谐的说法。他是这么说的:

“和谐是各个部分的一致。各个部分的这种一致,或许多一些,或许少一些,这样它们的和谐也就或多或少。但我们不能说灵魂也是这样,不能说一个灵魂比另一个灵魂更多的或更少的是灵魂。”

他又说:“哲学家们认为,美德和智慧是灵魂的和谐,邪恶和愚蠢是灵魂的不和谐或不一致。这样的话,如果灵魂是和谐,那我们就有了和谐之中的和谐以及和谐之中的不和谐。但是,如果说一个灵魂不会比另一个灵魂更多的或更少的是灵魂,那上面的说法怎么解释呢?所以,如果灵魂是和谐的,那它就不会是邪恶的。”

他还说:“构成灵魂的各部分有时是彼此对立的。比如,一个人口渴了,他却控制自己,不让自己喝水。这时候,灵魂的一个部分与另一个部分是十分不和谐的,一方制约和阻碍着另一方:理性与欲望、情感、愤怒对抗。在荷马史诗中,奥德修斯压抑着自己的愤怒,

> ‘他捶着自己的胸,斥责自己:我的心啊,忍着吧,忍受更大的痛苦吧。’[1]

---

[1] 引自荷马史诗《奥德赛》,奥德修斯是这部史诗的主人公。——译注

你觉得,荷马在写这首诗的时候,认为灵魂是一种和谐吗?他难道不认为,灵魂是支配者,比和谐要神圣得多?难道我们要反驳这位伟大的诗人吗?"

西米亚斯同意这些论点。

反对灵魂是身体各部分的和谐的论证确实很巧妙,也很尖锐。如果我们接受柏拉图的"灵魂先存说",我们就会同意这种开创性的观点。我已经说过,柏拉图的"灵魂先存说"现今被"实在天赋说"取代了。苏格拉底成功地反驳了一个人后,就带着几分得意地去反驳另一个人了。他提到了西米亚斯和吉贝斯所属的城邦的缔造者,即神话中的哈耳摩尼亚〔1〕和卡德摩斯。〔2〕"我们看到,哈耳摩尼亚对我们很友好,"他说,"现在让我们来安抚卡德摩斯吧。"〔3〕苏格拉底也许是在暗示,他要驳倒吉贝斯的论点,就像卡德摩斯的士兵所做的那样。

这是苏格拉底临死前对"灵魂不朽说"提出的最后一个论据,我们希望能用易于理解的、有说服力的形式来陈述。然而,要做到这一点是非常困难的。因为,尽管苏格拉底一开始就重述了吉贝斯的困惑,但他的推理并没有紧扣吉贝斯的观点,而是回到了最一般的问题上,并且针对的似乎是其他论点而不是吉贝斯的论点。为了保持这篇对话的统一性,我在翻译这部分内容时删减了一些,以便更直接地进行论证。

---

〔1〕 哈耳摩尼亚,和谐女神,底比斯的创建者。——译注

〔2〕 卡德摩斯,哈耳摩尼亚的丈夫,古希腊神话中的英雄。——译注

〔3〕 苏格拉底在此处把西米亚斯和吉贝斯分别比作哈耳摩尼亚和卡德摩斯这两位英雄。他以开玩笑的口吻说,说服了西米亚斯后,下一个轮到吉贝斯了。——译注

100. “吉贝斯说：‘我知道你一定能回应我的反驳。你驳倒了西米亚斯关于和谐的论证，而且比我预想的要彻底得多。他的论证在一开始就被你打败了。’

“‘我的朋友，’苏格拉底说，‘我们不要自夸了，免得惹人嫉妒，把我们的谈话搞糟。我们在神的执掌之下，像荷马所说的那样，让我们并肩作战吧。

“‘你所说的话，大意是这样的：你希望证明灵魂是坚不可摧的和不朽的，这样的话，一个哲人，在他即将死去的时候，就有理由相信自己死后会是快乐的。[101.]你认为，仅仅证明灵魂是非常持久的，这是不够的。如果我们不能证明灵魂是不朽的，我们就还是会畏惧死亡。我特意复述你的观点，以免有所遗漏。你有什么要补充或删减的吗？’‘没有了，’吉贝斯说，‘我的意思你都说了。’

102. “苏格拉底沉默了一会儿，静心思考了一下，然后说：‘你提出的问题可不是一件小事，吉贝斯，为此我们必须要探讨生成和毁灭的原因。如果你想听的话，我可以把自己对这个问题的想法告诉你。你可以看看，我的经验对你是否有用。’‘好啊，我当然想听听。’吉贝斯说。

“‘那我就和你说说。吉贝斯，我年轻时对所谓的自然研究非常着迷。在我看来，知道世间万物的缘由，一个东西为什么产生，为什么毁灭，为什么存在，这是十分美妙的事。我对一些问题非常好奇。有人说，动物是热和冷经发酵产生的，是这样的吗？我们是用什么来思考的，是血液、空气还是火？或许都不是。那是不是说，大脑使我们产生了听觉、视觉、嗅觉这些感觉，由此又产生了记忆和见解，而当记忆和见解变得稳固时，就成为知识，是吗？[103.]同样地，我还研究了毁灭的原因，观察了地球和天空的现象。最后我发现,我完全不能胜任这种研究。我会证明给你看。我变糊涂了,以前很熟悉的东西,现在全都不知道了。比如说,人是怎样生长的?以前我认为,这靠的是吃和喝,在吃的食物中,吃肉长肉,吃骨头长骨头,相应的东西进入身体的各个部分,这样,小的身体变成了大的,小孩长成了大人。你觉得这合理吗?'‘当然合理。’吉贝斯说。”

104. 接下来他提出了一种微妙的推理,这使得那些简单而明显的因果关系变得混沌和模糊了。我们认为,苏格拉底提出的推理在当时是相当有分量的,尽管我们现在看来,那种推理似乎是幼稚的和浅薄的。他讨论的问题是这样的:为什么十比八多?是不是因为把二加到八上才是十?在一加一得二的时候,是原先那个一成了二,还是被加上的那个一成了二,还是说,两个一合起来成了二?这两个一本来都不是二,为什么把它们放在一起就变成了二呢?[105.]如果把一分成两份,一就变成了二,但这次产生二的原因和刚才所说的相加一样吗?

难怪苏格拉底对这类问题的答案不满意。他说,他在寻找另一种推理。他听说,有人从阿那克萨戈拉写的一本书中读到,心灵或者说是智慧安排了一切,是世间万物的原因。想到这里,苏格拉底很高兴。“心灵”是万物的根源,他认为这是一个充满希望的学说。既然如此,他想,心灵会把每一件事和每一个人安排得恰到好处。[106.]因此,如果我们想要发现事物产生、毁灭或存在的原因,我们就必须弄清楚它怎样存在才是最好的,它做什么或遭受什么才是最好的。因此,人只需要研究什么是最好的。知道了这一点,就知道了一切。

“我很高兴,觉得阿那克萨戈拉告诉了我世间万物的原因,我找到了心仪的老师。我以为他会告诉我,地球是扁的还是圆的,之后还会告诉我,地球为什么是扁的或是圆的。如果他说地球在宇宙的中间,他就会告诉我,为什么这样是比较好的。如果他能把这些东西都告诉我,我就不必再去求问其他原因了。[107.]我还想用同样的方式去弄明白太阳、月亮和星星,了解它们的运行速度、在天空中的路径以及其他情况,我期待他会告诉我,每种星体处于什么状态是最好的。我想,既然他说一切都是心灵安排的,那么,这样是最好的,就是这种安排的原因。除此之外,我再也想不出他能找出什么别的理由来了。我以为,他会把这种‘最好’的观念应用到每个事物和一切事物上。我无论如何也不会放弃这种期望。我立刻弄到了他的书,急切地读了起来。我想要尽早知道,什么是最好的、什么是最坏的。”

当人们相信有一个至高无上的智慧在指挥和安排一切事物时,他们自然会渴求找到一种能够解释物质世界和道德世界的体系。在此基础上建立起来的自然哲学体系,是天才们在不同时期构建出来的,比如,笛卡儿和莱布尼茨。但这种方法总是经不起仔细地检验,而且这种知识似乎也不是人类所能掌握的。找不到合适的体系,人们就会感到失望,正如苏格拉底所说的那样。

108. 他说:“当我继续往下读的时候,我的希望破灭了。我发现,这位作者并没有使用‘心灵’这个概念,也没有把心灵当作安排万物的原因,而是把空气、以太、[1]水等作为原因。在我

[1] 以太,古希腊哲学家设想出来的一种物质,泛指青天或上层大气。古希腊人认为,以太居于天空上层,和水、火、气、土一样,都是物质元素。——译注

看来,这就像有人说,苏格拉底的所作所为都归因于他的心灵。然后又说,我之所以坐在这里,是因为我的身体是由骨头和肌肉组成的。骨头是硬的,是一节一节的,肌肉可以收缩,肉和皮包着骨头,骨头是有关节的,被肌肉牵引。所以,我可以像你们看到的那样活动自己的腿,而这就是我弯腿坐在这里的原因。

109."同样地,他或许会为我现在和你们谈话这件事找出原因。他会说,原因是空气、声音、听觉等,但他说不出真正的原因。其实,真正的原因是,雅典人认为最好判我有罪,我也认为自己最好留在这里等他们宣布判决。假如我认为,接受城邦的判决是不正确、不光荣的,最好还是逃跑,那么,我的骨骼和肌肉早就把我带到米加拉或波埃提亚[1]去了。把筋骨之类的东西称为原因是荒谬的。没有骨骼和肌肉之类的东西,我就不能做自己想做的事,这么说没错。但如果说,我所做所为的原因是有骨肉这些东西,而不是我认为这样做是最好的,那就是无稽之谈了。

110."要知道,原因本身是一回事,原因起作用的前提条件是另外一回事。然而,许多人,仿佛是在黑暗中摸索,把那种作为前提条件的东西称作是原因。于是有人就认为,大地被一个漩涡环绕着,那个漩涡围绕着大地旋转。还有人说,大地被扣在一个空气大碗下面。但是他们并没有指出,万物都处于最好的状态。他们不知道,世间万物都建立在'最好'这个牢固的基础上。他们指望能找到一个强壮的阿特拉斯,[2]来将世间万物托起。"

---

[1] 波埃提亚,古希腊的一个城邦。——译注

[2] 阿特拉斯,古希腊神话中的擎天神。因反抗宙斯失败,被罚在世界最西处用头和手支撑苍天。——译注

我已经说过，那种能够解释物质世界的、建立在“最好”学说基础上的体系，对人类来说也许是无法掌握的。但是，相信道德世界——也就是人和自己的命运——朝着最好的方向发展，这是人们对来生充满希望的最强有力的依据之一。在来生中，有德行的人会得到自己今生为之准备的幸福。这个世界是由智慧按照这种安排来统治的，这是苏格拉底在这里非常恰当地提出的一个要点，他要用此来证明，自己抱有的希望是合理的。如果阿那克萨戈拉没有这样运用“最高智慧”〔1〕学说，苏格拉底也许可以弥补这位前辈留下的缺憾。尽管苏格拉底的话可能向读者暗示了这种想法，但他实际上并没有这样做。〔2〕

111-116. 苏格拉底没有继续这个话题，而是接着描述自己的下一条思路，也就是他探索原因的第二次历程。苏格拉底说自己愿意讲出来，而吉贝斯也表示很想听。苏格拉底说，他要观察事物本身，简而言之，也就是他一直在谈论的那些理念。美、善、大以及诸如此类的东西都是现实存在的，因为有了它们，事物才美、才善、才大。事物之所以美，是因为它那里存在着“美”。由于“大”，较大的东西才是大的；由于“小”，较小的东西才是小的。一个人比另一个人高出一头，并不是因为那个“头”。同样，那个矮一头的人之所以矮，也不是因为“头”。吉贝斯笑了。一加一得到二，其原因不是相加，而是二本身的性质。

西米亚斯和吉贝斯对此十分赞同。当时在场的斐多也这样

〔1〕 阿那克萨戈拉提出了“奴斯”概念。“奴斯”的本义是心灵，可以理解为理智或者智慧。他将抽象的原则引入事物的本质中，区分了理性和物质，并指出，奴斯具有最大的力量。——译注

〔2〕 对于这一问题，我们会在这篇对话的结尾作进一步的讨论。——原注

想,而不在现场的艾克格拉底现在听到这种说法后,也表示赞同。在此基础上,苏格拉底又进行了一连串又长又复杂的推理,其结论是,灵魂是不朽的,是不会消失的。

我已经说过,对于苏格拉底这一最后的论证,我们希望能用清晰易懂的、令人信服的形式来陈述,但要做到这一点并不容易。大概的意思是这样的。[117.-128.]事物的“理念”代表着事物的本质,实际上就是事物的原因,任何外因都无法超越“理念”。在这些理念中,除了基本属性之外,我们还经常看到一些与之相结合的附属性质。例如,三的理念必然与奇数的理念相结合。灵魂是生命的本源,所以灵魂的理念与死亡的理念是相对立的。因此,就其本质而言,灵魂是不朽的。不朽的理念必然与不可摧毁的理念联系在一起,因此,灵魂是不朽的,是不可摧毁的。任何外在的原因,比如,肉体的死亡,都改变不了这一点。一个人死亡时,凡人的部分死去了,不朽的部分仍然活着,这样,灵魂就会在另一个世界继续存在。[129.]吉贝斯和西米亚斯同意这个推论。不过西米亚斯还有些顾虑,他说,这是因为这个问题太重要了。

接着,苏格拉底得出了自己的结论。

他说:“我们要记住,如果灵魂是不朽的,我们就要爱护它,不是仅在今生今世,而是要在永生永世。如果我们忽视了它,我们就会面临巨大的危险。[130.]如果死亡是一切的终结,那么当恶人的灵魂离去时,他们就既可以摆脱自己的肉体,也能摆脱邪恶的灵魂。但是,灵魂是不朽的,所以,灵魂只有变好、变聪明,才能得到拯救。因为,灵魂去另一个世界的时候,除了在这里得到的教养之外,什么也带不走。”

在提出灵魂不朽的观点后，苏格拉底又详细描述了灵魂离开肉体之后的状况、经历和归宿。他并没有说自己的描述是准确的，但他说，这些或者类似于这样的描述，一定是真实的。他对另一个世界的描绘部分借鉴了诗人和祭司的神话故事，部分借鉴了哲学家的推理，而且正如我们所看到的，柏拉图的想象力在很大程度上对其进行了扩展和修饰。

"据说，"苏格拉底说，"一个人死了，就会被守护他的天神带到一个地方接受审判，然后在规定的时间返回。通往另一个世界的道路不止一条，而且很复杂，需要向导领路。[131.]那些守规矩的、有智慧的灵魂，很乐意跟着向导走。而那些依恋于肉体的灵魂，在尘世久久徘徊，最终只能被强拖硬拽地带走了。那些不洁的灵魂做过坏事，所以被别的灵魂嫌弃，痛苦地游荡。而纯洁的、正派的灵魂，被领到了合适的居所。"

132. 接着，苏格拉底开始描述宇宙以及其中的乐土和苦海。在这里，我们可以看到柏拉图自己对这些问题的思考。借助苏格拉底的谈话，柏拉图表达了自己的观点，那就是，大地在许多方面都和常人所想的不一样。

"我相信，"他说，"如果大地是圆的，位于天空的中央，那它就不需要空气或其他力量托着，它会待在中间并保持平衡。

133. "另外，大地是非常大的。我们居住的地方，在菲希斯河[1]

[1] 菲希斯河，古希腊的一条河流，源头在高加索山脉，流入黑海。——译注

和赫拉克勒斯柱石[1]之间,只是很小的海滨地区,我们就像生活在池塘边的青蛙和蚂蚁。大地上还有很多同样的洼地,形状大小不一,汇集了水、雾和空气。大地是纯洁的,位于天空中,天上还有星星。[134.]我们生活在洼地中,但却自以为住在大地的表面。这就好像生活在海底的人,透过水看到太阳和星星,就认为海就是天。我们认为空气就是天空。如果有人能从空中升到天上,那他就像从海里探头到外面来一样,能看到真正的光和真正的天。在天上,一切都是明亮而纯净的。[135.]而我们这里,一切都是暗淡的、被腐蚀了的,就像海水中的东西被海水腐蚀了一样。海中满是泥污,而地上的东西是鲜艳的、漂亮的,所以天上的东西远比我们这里的明亮和干净。[136.]那里的大地就像一个由12块皮子制成的球,它有许多颜色,有的地方是明亮的紫色,有的地方是金色,还有的地方比粉和雪还白,还有其他我们从未见过的美丽颜色。我们在这里——这充满了水和空气的低洼的地方——看到的颜色,只不过是那些颜色的摹本罢了。大地上生长的树木、果实,还有山脉和石头,都是光亮又透明的。我们这里最珍贵的宝石像玛瑙、碧玉、翡翠等等,只是石头的碎屑而已。而大地上所有的东西,都和宝石一样美,甚至还更美呢。[137.]原因是那里的东西没有被腐蚀。大地美极了,能看到的人真是有福啊。那里的居民,有的住在内陆,有的住在天边——就像我们住在海边一样,有的住在四周有气环绕的岛上。我们这里的水和海,就相当于那里的空气,而我们的空气,就相当于那里的天空。[138.]那里气候温和,所以居民不会生病,而且寿命比我们这里的人长得多。那里的居民,视觉、

[1] 赫拉克勒斯柱石,直布罗陀海峡东端的两个海角。——译注

听觉和嗅觉都比我们敏锐，就像那里的空气比我们这里的水纯净、那里的天空比我们的空气纯净一样。

“那里也有寺庙和神圣的树林，诸神真的居住在那里。那里有神谕、预言和天象，能与神对话，能看到太阳和月亮真实的样子。其他方面，在那里也是同样的幸福。

“那里的大地就是这样的，而且，那里也有洞穴，比我们这里的要深得多。[139.]那些地下的洞穴都是相通的。地下的河流通过这些通道流动，有的水是冷的，有的是热的。地下还有火，形成了火河；还有泥浆，就像西西里的熔岩流和泥流。这些都是由大地内部的震动力产生的，震动力使其保持流动。振动是这样产生的：大地上最大的裂缝贯穿整个大地，就像荷马所说的，‘在大地最深的深渊’，[1]荷马和其他诗人称其为塔尔塔罗斯[2]；所有的河都流入这个深渊，又从这里流出来。之所以这样，其原因是这样的。[140.]流动的河没有根基，所以里面的液体上下震荡。当它们在大地里流动时，气和风都跟着动起来，这就像呼吸一样，气和风通过这种运动进进出出。于是，水流出来，形成了河流、湖泊和海洋，[141.]然后，水又流进去，沿着不同长度的路线，回到塔尔塔罗斯。有的水流比入口低得多，有的只稍微低一点，但都比入口低。有的顺着流入的方向，有的流到相反方向。还有的绕着圈子，像蛇一样环绕大地转了好几圈。之后，它们会在某个较低的地方流下去，可能会流到深渊的中心，但不能从中心流出去，因为两旁是峭壁。

“在这些河流中，有四条特别引人注目。绕着圈子流淌的

---

〔1〕 引自荷马史诗《伊利亚特》。——译注

〔2〕 塔尔塔罗斯，希腊神话中的“地狱”，人死后灵魂的归所，通过冥河与人间连接。——译注

是俄刻阿诺斯河。[1] 流到相反方向的是阿刻戎河,[2]其终点是阿切鲁西亚湖。[3] 很多死者的灵魂都会到达此湖,停留一段时间,或长或短,然后再次进入活人的肉体。[142.]第三条河是佛勒革同河,[4]这是一条炽热的河流,它的源头附近有一个由沸腾的水、泥和火组成的湖,比我们的海还大。这条河绕着大地流动,与阿切鲁西亚湖相接,但不与之混合。我们这里喷涌而出的岩浆就是这条河的支流。第四条河是深蓝色的,流淌形成了斯堤克斯河。[5] 这条河逆着佛勒革同河流淌,绕着圈儿流入阿切鲁西亚湖的对面,沉入地下,坠入塔尔塔罗斯。这条河就是科赛特斯河。[6]

143.“这地方的情况就是这样。守护神先把死去的灵魂带去接受审判,看他们生前是否善良和虔诚。那些品行中等、不好也不坏的人,就被送往阿刻戎河,他们要待在那里,净化自己的罪恶。那些犯有严重罪行的人,如亵渎、谋杀之类的,就会被扔进塔尔塔罗斯,再也出不来。[144.]那些犯了重大罪行但并非无可救药的人,如伤害父母或一时冲动杀了人,之后又终生悔过

---

[1] 俄刻阿诺斯河,希腊神话中的大洋河。在古希腊神话中,大洋河是一条环绕宇宙的长河。在这条长河中,诸星神与月神都会在白天回到大洋河中,所以大洋河被认为是“外海”。

[2] 阿刻戎河,希腊神话中的苦河。它被认为是痛苦之河,因为它是对许多被诅咒的灵魂尤其是杀人犯的终极惩罚。——译注

[3] 阿切鲁西亚湖,希腊神话中的冥湖。——译注

[4] 佛勒革同河,希腊神话中的火焰之河、地狱火河,因为生出火焰而且永不熄灭而得名,是古希腊神话中冥界的入口。冥王用火河来隔离,以划分地狱各部分。——译注

[5] 斯堤克斯河,希腊神话中的憎恨之河、守誓之河。它环绕哈迪斯的王宫九圈,据说神如果跨越这条河会丧失神性。古希腊人在发誓时会提到这条河的名字,如果违背誓言,就会遭到永世的诅咒。——译注

[6] 科赛特斯河,意为“远方的哭声”,希腊神话中的悲叹之河,阿刻戎河的支流。传说这条河是由地狱中服苦役的人的眼泪形成的,所以河面经常有恐怖的哀号声传出。——译注

的，也要被扔进塔尔塔罗斯。但他们在那里待了一年之后，洪水会把他们冲出去，杀人者会被冲到科赛特斯河，伤害父母的会被冲到佛勒革同河，然后把他们冲入阿切鲁西亚湖。在那里，他们向受害者求饶，如果得到了宽恕，他们就解脱了，就不必再受惩罚了。但如果得不到宽恕，他们就会被带到塔尔塔罗斯，从那里再去各条河流，这样一圈又一圈，直到得到宽恕为止。

145. "至于那些善良虔诚的人，会离开这个地方，就像离开监狱一样，被安置在大地上纯净的上层地区。那些用哲理净化自己的人，从此以后就没有肉体了，并且要去更美好的地方生活。那是个什么样的地方，很难描述，而且我们也没时间去描述了。西米亚斯，根据我上面所说的那些事情，我们要在今生尽力去行善、去寻求智慧。这样做收获巨大、前途光明。

"一个有理智的人当然不会完全相信我说的这些。但在我看来，对于灵魂的归宿，我所说的大体也是对的，是一种合理、可以寄托希望的信念。相信这种说法有点冒险，但却是值得的。我们可以用这种说法来消除自己的恐惧，就像念咒语一样。正因为如此，我才把这个故事拉得这么长。[146.]那么，一个人应该为自己的灵魂打气，一生都不要理会肉体的享乐和世俗的奢华，因为这些东西会把人引向罪恶。应该用真正的美德——正义、勇敢、自由和真实——来装饰灵魂，在这种状态下等待时机的到来，然后去另一个世界。你们，"他说，"西米亚斯和吉贝斯，还有其余的人，每个人都要会在规定的时间出发。而我，正如某个悲剧作家所说，命运在召唤我，现在是我去洗澡的时候了。因为在喝毒药之前，我最好先洗澡，免得让女人来洗我的尸体。"

147. "苏格拉底说完后，克力同说：'好吧，苏格拉底，你对我们有什么吩咐吗？关于你的孩子，或者其他事情，有什么我们能为你做的吗？'‘只是我一直说的那些，’他回答说，‘没什么别的了。现在你们不必承诺什么。你们只要关照好自己，就很让我满意了。但如果你们忽视了自己，不按照我们一直以来讨论的道路前进，那么，不管你们现在许诺什么，你们也不会有任何成就。'‘这件事，’克力同说，‘我们会照你说的去做的。但我们该怎样葬你呢？'‘随你们的便，’他说，‘只要你们能抓住我就行，别让我从你们手里溜走。’[148.]然后，他平静地微笑着，看着我们说：‘我的朋友们，我没法让克力同相信，现在和你们交谈、辩论的人就是苏格拉底。他以为我就是他不久就会在这里看到的那具尸体，所以就问我怎样埋葬我。我说这番话，是为了说明我喝了毒药后就不能和你们在一起了，我就要离开你们，去享受有福人的好运了。但对他而言，我说这些都是徒劳的，就好像我这么说只是为了安慰你们和我自己似的。

“‘我的朋友们，克力同在法官面前答应做我的担保人，保证我不会逃跑。我请你们为我向克力同担保，保证我死后会到另一个地方去。我要告诉他，当他看到我的尸体被烧或被埋时，不要为我悲伤，不要以为我遭遇了什么可怕的灾难。在葬礼上，让他不要说被抬到坟墓里、被放在棺材中的是苏格拉底。[149.]要知道，亲爱的克力同，这种不恰当的话语不仅是荒谬的，而且是有害的。你该高兴一些，说你埋葬的是我的肉体。你觉得怎样最好、最合适，你就怎样去埋。’

“说着，他站起来，走进另一间屋子去洗澡了。克力同跟着他，让我们留下等着。于是我们就待在那里，谈论刚才说的话，讨论我们面临的巨大灾难。我们觉得自己失去了父亲。他洗完澡，他的孩子们来见他了。他有两个小儿子和一个大儿子。他家的妇女也来了。他当着克力同的面和他们交谈,嘱咐了一些事情。然后他让妇女和孩子离开,他自己又来到我们这里。

150. “此时,太阳快落山了,因为他在屋里待的时间比较长。他洗完澡后来我们这里坐着,但没有再说什么话。典狱官的仆人走进来,站在他面前说:‘苏格拉底,我不会像责备其他人那样责备你。我奉命让他们喝毒药时,他们会生我的气,诅咒我。而你在这里的时候,我发现你是这里所有人中最高尚、最温和、最善良的。我知道你不怪我,因为你明白这是谁的错,你会怪罪他们。现在,你知道我要干什么,请你挺住,忍耐一下吧。’他说了这话,就哭着转过身去了。

151. “苏格拉底看着他说:‘你别难过。我会照你说的去做。’然后,他对我们说:‘这个人多么和善啊!我到这儿之后,他总来看我,和我说话,真是个好人。现在他又这么真诚地为我流泪。’‘好吧,克力同,’他说,‘我们就照他说的做吧。如果毒药已经配好了,就叫人拿来,如果还没配好,就叫人去配吧。’克力同说:‘可是我想,苏格拉底,太阳还在山上,还没有落下。我知道别人很晚才喝毒药。在接到命令后,他们都会好吃好喝一通,享受和亲友相聚的快乐。你别急,还有时间。’

“‘也许,’苏格拉底说,‘你说的那些人是对的,他们认为那样做有好处。而我不那样做也同样是有道理的,因为晚一点喝毒药对我没什么好处。如果我贪生怕死,快死的时候还舍不得放手,那只会让我显得很可笑。去吧,照我说的做,别再拒绝我了。’

152. “于是,克力同向站在旁边的仆人做了个手势,那仆人就出去了。过了一会儿,管毒药的人进来了,拿着一杯毒药。苏格拉底看到那个人就说:‘我的朋友,你是行家,告诉我该怎么做。’‘很简单，’他说，‘你喝完以后，就来回走走，感到两腿发沉时就躺下，毒性就会发作。’说着，那人就把杯子递给苏格拉底。苏格拉底接过来，态度非常平静。（艾克格拉底啊，他的手不发抖，脸色也没变，只是像平常那样皱着眉头。）‘告诉我，’苏格拉底看着那个人说，‘这个药足够多吗？我想倒出一些祭奠神，可以吗？’那人回答说：‘我们就准备了这么多，苏格拉底，只够你喝的。’[153.]‘我明白，’他说，‘但我要向诸神祈祷，愿我从这里到那个地方的旅途顺利。这是可以的，也是必须的。我这样祈祷了，希望能够如愿以偿。’说着，他把杯子举到嘴边，平静而轻松地一饮而尽。

“在此之前，我们大多数人还能忍住眼泪。但当我们看到他喝毒药时，就再也忍不住了。至于我，我的眼泪不由自主地流了下来。我把斗篷拉到头上，哭了起来。我不是为苏格拉底哭泣，而是为自己哭泣，因为我失去了这样一位朋友。

“克力同站起来走了，在我哭之前，他就控制不住自己的眼泪了。[154.]阿波罗多罗斯本来就一直在哭，此刻他突然伤心得嚎啕大哭，大家也都忍不住流下了眼泪。只有苏格拉底没有哭，他说：‘哦，我的朋友们，你们在干什么啊？我听说，人死的时候应当安安静静地。我把妇女们都打发走了，就是怕她们哭哭啼啼。安静点儿吧，要勇敢啊。’我们听了这话，感到很惭愧，就忍住不哭了。他走来走去，然后说感到腿沉，就按照送毒药的人吩咐的那样，仰面躺下了。”

评　述

《斐多篇》是柏拉图的著作，这是毋庸置疑的。这部对话录的戏剧美和哲学趣味，使它在柏拉图的众多对话录中名列前茅。这部作品被后世奉为柏拉图风格和哲学的典范，也是柏拉图对老师苏格拉底的性格的最好写照，因此，它必然会体现出作家柏拉图和哲学家苏格拉底的主要特征。如果《斐多篇》不是柏拉图的作品，那我们对《斐多篇》的作者的兴趣和好奇心，绝不亚于对柏拉图的兴趣和好奇心。如果这篇对话录的作者另有其人，那他一定是位令人钦佩的、极其优秀的哲学家和作家，他写过这类作品，而且也是一位柏拉图，和阿里斯通[1]之子柏拉图一样杰出和宝贵。

但事实上，没有合理的理由怀疑《斐多篇》

〔1〕 阿里斯通，柏拉图的父亲，据说是雅典科德鲁斯王的后代。——译注

的作者就是历史上的柏拉图。对此唯一提出异议的，是《希腊文集》[1]中的一段警句，有人认为这段警句表明，帕奈提乌斯[2]否认了《斐多篇》的真实性。这段话引用了《斐多篇》中的内容，这种论证方式柏拉图自己也使用过。这段话是这么说的：

"如果柏拉图不写'我'，那么就会有两个柏拉图。'我'展示了苏格拉底的论述中的所有精华，但帕奈提乌斯却说'我'是虚伪的。他否认灵魂是不朽的，也就否认了'我'的真实性。"

这段匿名的话（因为不知道出自何人之手），即使它的含义与我们推测的一致，也无法与我们这里许多智者的话语相提并论。但我们还是可以看出这段话的主旨。

帕奈提乌斯是斯多葛学派的学者，受到西塞罗[3]的推崇。西塞罗的著作《论义务》[4]就是以帕奈提乌斯的类似著作为基础的。正如斯多葛学派所做的，帕奈提乌斯并没有把灵魂不朽作为自己的理论基础。这一点西塞罗反复强调过。但西塞罗却多次把《斐多篇》说成柏拉图的著作。然而，帕奈提乌斯对《斐多篇》出自柏拉图之手提出了异议，这一点西塞罗难道没有注意到吗？对于关于灵魂不朽的学说，西塞罗是持反对意见的。

---

[1] 《希腊文集》，现存最大的希腊短诗集，主要是根据拜占庭学者君士坦丁努斯·塞法拉斯在10世纪制作的警句汇编而成。该诗集也被称为《帕拉丁诗选》，因为海德堡帕拉丁图书馆保存着塞法拉斯的唯一手稿。——译注

[2] 帕奈提乌斯，古希腊斯多葛学派哲学家，出生于罗得岛，后半生的大部分时间在罗马度过。——译注

[3] 西塞罗（前106年—前43年），罗马共和国晚期的哲学家、政治家、律师、作家、修辞学家、雄辩家。由于其演说和文学作品十分优秀，被认为是古罗马最好的演说家和散文作家之一。——译注

[4] 《论义务》，西塞罗创作的政治伦理学著作，写于公元前44年。这本书是西塞罗在62岁的时候写成的，也是他的最后一部著作。西塞罗将自己对伦理道德问题的思考写进这本书，为我们了解古罗马的价值观和西塞罗的伦理思想提供了重要参考。——译注

但是，帕奈提乌斯否定《斐多篇》的真实性，关于这一点西塞罗什么也没说，也什么都不知道。西塞罗说："在这一点上，帕奈提乌斯与柏拉图的观点不一致。帕奈提乌斯逢人便说，柏拉图是优秀的、最聪明的、神圣的人，称柏拉图为哲学家中的荷马，但他却不接受柏拉图关于灵魂不朽的学说。"如果帕奈提乌斯否认了《斐多篇》的真实性，那么西塞罗在这里一定会这样说。他必定会说，他不接受灵魂不朽的学说，并且否认《斐多篇》的真实性，而灵魂不朽的学说正是这篇对话录的核心观点。当然，这一学说在柏拉图其他的对话录中也有大量论述。帕奈提乌斯对柏拉图的钦佩与他对柏拉图这一主要学说的否定之间的确存在矛盾，但这种矛盾会因西塞罗关于《斐多篇》的观点而发生奇妙的变化。西塞罗认为，《斐多篇》是真实的，他在这里也提到了这种观点。

但毋庸置疑的是，《希腊文集》中那段话的作者要么是想说西塞罗说过的话，要么是对自己读到的东西产生了误解。帕奈提乌斯也许认为，灵魂不朽不是柏拉图哲学的组成部分。那段话的作者，要么是想说同样的话，要么把学说的真实性误认为是对话录的真实性。

因此，《斐多篇》不仅是柏拉图的真迹，而且是他的主要作品，是最突出地展示了柏拉图的学说及其表述方式的对话录之一。那么，它是在柏拉图一生中哪个时期创作和发表的呢？

如果我们在阅读这篇对话录时，不参照柏拉图对话录中的一般论述体系，我们就不会想到，它是在苏格拉底死后不久创作的。

对话录记述了苏格拉底在生命最后时刻的所说所做，叙述得极为详细，深入描述了他的神情、态度以及生前和死后的细节。苏格拉底和他的弟子以及他的哲学在全希腊都为人所知，这样的记述在当时引起了人们极大的兴趣，但随着岁月的流逝，它也就失去了魅力。这部作品让人产生身临其境的感觉，一种深沉的忧郁气息弥漫其间，而苏格拉底本人的开朗又使其显得更加凄美。在悲伤刚刚过去的时候，用这样的笔调写作，写给那些同样感到悲伤的读者，这是很自然的。

然而，施莱尔马赫对柏拉图阐述其学说的方式持有自己的观点，这使得他认为《斐多篇》创作于较晚的时期。他指出，柏拉图从一开始就有一个完整的学说和论述体系，而他（施莱尔马赫）发现了这个体系，柏拉图对话录的时间顺序和这个体系一致。我说过，哲学家一般并不是有条理和有系统的，而施莱尔马赫却要在柏拉图的对话录中确立一种体系，在我看来这是很失败的。例如，在《普罗泰戈拉篇》《查密迪斯篇》《拉凯斯篇》之间，就没有这种体系所假定的那种关系。让我们看看《斐多篇》的理论是什么。它是这样的："柏拉图在《智者篇》中提出了三个问题：什么是智者？什么是统治者？什么是哲学家？他在《智者篇》和《政治家篇》中回答了前两个问题。他还要回答第三个问题。这一点，他在《会饮篇》和《斐多篇》中做到了。在《会饮篇》和《斐多篇》中，我们看到了哲学家的生与死，看到了苏格拉底从酒杯中倒出毒酒。在《斐多篇》中，我们看到他从对理念的思考中汲取智慧，那种智慧和理念一样，是不朽的。在《会饮篇》中，他将智慧植入他人的灵魂，让智慧不朽。"

因此，我们可以推断，《斐多篇》是在苏格拉底死后许多年写成的，与《会饮篇》同时问世。

《会饮篇》和《斐多篇》是同时写成吗？二者是互为补充的吗？《会饮篇》展示了哲学家的生活吗？《斐多篇》是否抽象地

展示了哲学家的死亡?《会饮篇》是否向我们展示了哲学家是如何使智慧永生的?还有一个问题是,这两篇对话录与《智者篇》和《政治家篇》之间有什么关系。《会饮篇》和《斐多篇》,与《智者篇》和《政治家篇》,二者有什么相似或共鸣吗?《会饮篇》和《斐多篇》中全是真实人物和真实行动,是生动的、充满激情的戏剧。《智者篇》和《政治家篇》是干巴巴、死气沉沉的一连串问答,是一个无名的埃利亚学派[1]的客人的演讲,是非戏剧性的、非苏格拉底式的(因为苏格拉底完全被遮蔽了)、非柏拉图式的(因为是非戏剧性的),而且我们认为,在学说上是反柏拉图的。把《会饮篇》和《斐多篇》作为三部曲的前两部分,把二者结合起来作为第三部分,这似乎是在建构一个极其任意的体系。

但是,质疑《斐多篇》创作日期更合理的理由,可能来自其他方面。我们不禁要问,苏格拉底死亡时,柏拉图才30岁,那时的柏拉图是否能够把握《斐多篇》中所论证和解释的理论,尤其是作为灵魂不朽论据之一的"理念"?

我们记得,这一理论是这样的:学习任何真理都需要回忆灵魂中已经存在的理念,而这些理念就是真理。因此,当我们判断木棍或石头是相等的时候,我们必须已经有了相等的理念。这种相等的理念,是以一种特殊的、专门的方式表达的,即相等本身,它与用这个形容词来形容的对象——相等的事物——是有区别的。世上有两类不同的事物:一种是看不见的,是永恒不变的;另一种是看得见的,是不断变化的。多变的事物之所以有其

---

[1] 埃利亚学派,古希腊最早的唯心主义哲学派别之一,该学派在南意大利半岛的埃利亚地区成立,故被称作"埃利亚学派"。——译注

特质,是因为它们与那些特质有共同之处。美丽的事物之所以美丽,是因为它们具有美的本质。

毫无疑问,这些是柏拉图"理念"学说的主要观点。而在柏拉图后期的对话录(如在《理想国》)中,也有对这一学说的阐释。这是否可以证明,《斐多篇》不是柏拉图早期的作品呢?

我的回答是,并非如此。在柏拉图对话录中,我们看不到这一学说发展变化的迹象。柏拉图似乎从一开始就坚持这一学说。我们有充分的理由认为,苏格拉底没有坚持这种观点,至少是没有稳定而持续地坚持这种观点。根据色诺芬的记述,[1]苏格拉底反对抽象的"善"的概念,认为"善"是绝对的善,而不仅仅是就其目的而言的善。而柏拉图在苏格拉底在世时就坚持这一学说,[2]苏格拉底的朋友们也讨论过并赞同这一学说。在《斐多篇》中,这一学说多次被提出并得到认可。苏格拉底说:"这就是我一直在说的。"我想起了我们经常使用的那些表达:我认为不存在绝对的美、绝对的善等类似的东西;西米亚斯说,他自己坚信,美、善这些理念是存在的。尽管有这样的表述,但苏格拉底临终前是否就这一学说进行了论证,还是值得怀疑的。因为,就我们从其他来源了解到的苏格拉底而言,这里的论证风格是柏拉图式的,而不是苏格拉底式的。我们认为,柏拉图笔下的苏格拉底,说出的是柏拉图的论点,而不是苏格拉底自己的论点。但我们也认为,柏拉图在早期就持有这些观点。《斐德罗篇》承认"理念"学说,施莱尔马赫等人认为,这是柏拉图早期的对话录。虽然我们不同意这种看法,但我们可以举出《美诺篇》

---

〔1〕《回忆苏格拉底》第4卷第6章。——原注
〔2〕指上面提到的关于理念的学说。——译注

的例子，我们有充分的理由认为，这部是柏拉图在苏格拉底死亡之前写成的，它明确地提出并详细地证明了“学习就是回忆”这种观点，仿佛这是一种新的理论。这个理论以及《美诺篇》对此所作的证明，正如我们所说的，在《斐多篇》中已经明确地提到了。因此，我的结论是，“理念”学说是柏拉图早期的观点，没有任何论据可以证明《斐多篇》是柏拉图晚期的作品。

表达苏格拉底的立场时，柏拉图在自己的思辨中，即在他的伦理思辨中，体现出一种进步：从《查密迪斯篇》和《拉凯斯篇》，到《菲勒布斯篇》《斐德罗篇》《高尔吉亚篇》，再到《理想国》。在柏拉图笔下，苏格拉底对伦理学的探究逐渐向柏拉图的伦理学体系靠拢，但柏拉图的“理念”学说在其早期的思想中就有了。

而苏格拉底，至少在临死之前，也认可了这种“理念”学说，难道不是吗？正如《斐多篇》所描述的，他以此为证，说明了灵魂是不朽的，不是吗？当然是的，他确实是这样的。这篇对话录不仅展现了苏格拉底对这一学说的解释和推理，而且还表明了，他早就这样做了，而且还用经常提到的观点来证明这一学说。在论证“一切学习都是回忆”时，他提到了在讨论中常常用到的“理念”，包括公正、美好、善良、虔诚等，这些理念在对话中被加上了“绝对”或“极其”的标签。他在最后的论证中又提到了这些理念，并说这些不是新的东西，而是他一直在谈论的东西。他把绝对的美、绝对的善之类的理念，称为“人们常说的概念”。正如我说过的，西米亚斯早已认可这种观点了。亚里士多德说过，苏格拉底在自己的思辨中常常提及这些理念，而且总是在寻求其普遍的定义。那么，他最终接受了自己所寻求的这些理念吗？

就柏拉图表述这些理念的方式而言，这与我们从其他来源了解到的苏格拉底的教学模式是大相径庭的。因此，我认为，尽管这种方式在苏格拉底死前可能会在他的朋友们中盛行，而且可能已被一些人(例如，西米亚斯)所接纳，但苏格拉底本人并没有采用这种方式。在这一点上，正如在其他情况下一样，苏格拉底在柏拉图的对话录中阐释的是柏拉图的哲学，而不是他自己的哲学。假定如此，那我就可以认为，在苏格拉底叙述他采纳"理念"学说的那段文字中，柏拉图实际上是在说出自己对这一学说的态度。苏格拉底说，他从感性转向理性，决心在理性中找到万物的原因，因此，他把"理念"视为万物的原则。我认为，柏拉图所描述的是他自己的思想史。

关于《斐多篇》的真实性，我可以引用《阿西俄库篇》，[1]这篇对话录一般被认为是柏拉图的对话录，但也有人谴责它是伪作。第欧根尼[2]说，这篇对话录出自苏格拉底的门生埃斯基涅斯[3]之手。在这里我们看到了美好、公正、善良、虔诚以及所有那些在问答中被称作"绝对的"或"本质的"理念。我们仿佛看到，一位希腊作家，也许是柏拉图时代的作家，写了一篇关于灵魂不朽的对话录，把苏格拉底作为这一理论的导师，还把这篇对话录写得生动活泼，但那里却完全没有我们在《斐多篇》中所看到的那种恰当和真实的感觉。这有多大的可能性呢？这篇对话

[1] 《阿西俄库篇》，柏拉图的一篇对话录，也是一篇慰藉文，大约写于公元前100年至公元50年之间。——译注

[2] 第欧根尼(约公元前412年—前323年)，古希腊哲学家，犬儒学派的代表人物。他活跃于公元前4世纪，其真实生平难以考据，但留下大量有关他的传闻轶事。——译注

[3] 埃斯基涅斯(公元前389年—前314年)，古雅典雄辩家、政治家，苏格拉底的得意门生。他写了7篇记述苏格拉底言论的对话录，多数遗失，仅留下少数的残篇。——译注

录的开头让我们想起了《理想国》。

“我出门去库诺萨吉(雅典附近的一个体育馆),来到伊利苏斯[1]河边时,我听到身后有声音喊道:‘苏格拉底!苏格拉底!’我转过身去,看到阿西俄库的儿子克利尼亚、音乐家达蒙,还有格劳孔的儿子查米迪斯,他们沿着卡利霍[2]河跑来。”他描述了这些人的关系,[3]说他转身去迎他们。克利尼亚哭着说:‘苏格拉底,大家都在谈论你的智慧,现在是你展示智慧的时候了。我父亲突然得了重病,马上就要死了。他常常嘲笑和讥讽那些怕死的人,但自己却对死亡感到惊恐万分。那么,请你来劝劝他,用你通常的方式,让他坚强地接受命运的安排,可以吗?这是善事,也是宗教义务。’苏格拉底去了,病人松了口气,但仍然对死亡感到恐惧:‘我会躺在冰冷的地方,我会腐烂,变成蛆虫和害虫。’苏格拉底对他说,他在自己的思想中非理性地混淆了感觉和死亡,其实,死后他不会有任何感觉,因为他将不复存在。苏格拉底还说,我们每个人都是灵魂,而不是肉体;灵魂是不朽的,只是在肉体中禁锢了一段时间而已;活着的痛苦远远超过快乐。阿西俄库问苏格拉底,那他为什么还要活着?苏格拉底承认,他并不懂这方面的知识,这是他用一定数量的德拉克马从普罗迪库斯那里买来的;这知识太有说服力了,使得他渴望死去。接着,他又谈到了人生的苦难,所有职业和行业都是令人失望的,还有衰老和疾病……他还补充了证明灵魂不朽的其他证据,包括人类获得的知识和取得的成就,这些都证明灵魂是神圣的。他说:‘阿西俄库,你不是走向死亡,而是走向不朽,去一个

---

〔1〕 河流的名称。——译注
〔2〕 河流的名称。——译注
〔3〕 达蒙是克利尼亚的老师,查米迪斯和克利尼亚是相爱的伴侣。——译注

幸福、自由和拥有真理的地方。'对此,阿西俄库说:'你完全改变了我的感觉。我不再惧怕死亡,甚至都期待死亡了。我似乎已经踏在空中,正奔向永恒。我的弱点消失了,我成了一个全新的人。'苏格拉底补充了关于来世的描述,对话就此结束。"

几条普通的论据使得临死之人的思想突然转变了,这同《斐多篇》中表现出来的态度和观点的斗争大相径庭。哪一个更自然、更有条理、更有哲理,人人都能看出来。

《斐多篇》的主题是论证灵魂不朽,对此,各个时代的人都非常感兴趣,因此,人们自然会改编这些论据,使其适用于自己的时代。这种改编在某种程度上是必要的,因为柏拉图的推理在相当大的程度上是以当时流行的哲学观点和抽象的措辞为基础的,而且其中许多观点和用语现在已经过时,因此,一般来说并不容易理解,也不能令人信服。在每个时代,关于这个问题最有说服力的论点,或者至少是最有说服力的论证方法,必然会受当时的哲学和流行语的影响。对于各个时代的哲学家来说,最有价值的工作莫过于以最清晰、最有说服力的形式阐述这些论点,但这样一项任务需要用很大的篇幅去完成。在评论柏拉图的这篇对话时,我只能指出人们讨论其推理的几种方式。

柏拉图是灵魂不朽理论的倡导者,英国读者对此最为熟悉。在艾迪生[1]著名的悲剧中,卡托[2]的独白就提到了柏拉图。英国读者可能会惊讶地发现,在这里似乎找不到柏拉图的推理。

---

〔1〕 艾迪生(1672年—1719年),英国散文家、诗人、政治家,主要作品有诗篇《远征》、悲剧《卡托》等。——译注

〔2〕 卡托,艾迪生的悲剧《卡托》的主人公。——译注

一定是这样——柏拉图，你的理由很充分。
否则，当希望破灭时，渴望就会消失。
是对永生的渴望吗？
或者，当这种秘密的恐惧、这种内心的恐惧化为乌有时，
为什么要把灵魂缩回到原处？
是神性在我们心中激荡，
是天堂本身指明了未来，
向人类暗示永恒。

希望和憧憬，秘密的恐惧，内心的惊骇，灵魂在面对毁灭时的退缩和惊惧，认为这些感觉是神在暗示伟大真理的信念，所有这些，正如我们所看到的，在《斐多篇》中并没有体现出来。看来，这种反思应被看作一种额外的论证，产生于对话者的头脑中，由他补充到柏拉图的著作中。在这种讨论方式中，没有任何不严谨之处，但读者也许并不清楚，这就是其用意所在。

在20世纪，德国更新了《斐多篇》的论证，这种尝试引起了很大的关注。摩西·门德尔松[1]于1767年出版了《斐多——论灵魂不朽》，这是柏拉图的《斐多篇》的翻译版本，更确切地说，是柏拉图《斐多篇》的模仿版本。在这部作品中，其论点与同时代的哲学观点联系在一起，这符合作者的风格，但作者并没有提出任何纯粹现代的理论。人们最感兴趣的部分，正是原文中最不令人满意的部分，也就是苏格拉底对吉贝斯的回答，其中包括苏格拉底谈论神话之前的最后一个论点。我们在门德尔松

---

[1] 摩西·门德尔松(1729年—1786年)，德国哲学家，被誉为“德国的苏格拉底”，18世纪德国启蒙运动的领导人。——译注

的《斐多——论灵魂不朽》中看到了一个论点，这个论点源于人性中存在的无限发展的能力。这一论点也得到了艾迪生的青睐，在他的《旁观者报》[1]上，有多篇文章对此进行了论述。从下面的句子中也许可以说明这一论点的本质。

"'那么，'苏格拉底说，'我们可以有充分的理由假定，这种追求完满的斗争，这种进步，这种内在卓越的增长，是理性生命的归宿，因此是天地万物的最高追求。我们可以说，世界这个巨大的结构之所以存在，是为了让有理性的生命从一个阶段前进到另一个阶段，逐渐趋于完美，并在进步中找到幸福。如果这些生命中途夭折，不仅夭折，而且立即被推回虚无的深渊，失去了他们努力获得的所有成果，这种安排是不可能被接受和采纳的。'"

这是一条重要而有分量的论证路线，但我认为，柏拉图后来做出的一些思考，也许可以提供更好的理由，这些理由可能会取代《斐多篇》中那些不令人满意的理由。

特别是，《理想国》第7卷中关于灵魂和宇宙本质的思考。我们被告知，宇宙现象是感觉和意见的对象，而现实是真正知识的对象。前者构成世界，后者构成理智世界。前者是短暂表象的世界，后者是永恒真理的世界。这些永恒真理是宇宙真正的构成原理，是造物主创造世界所依据的法则，是自然界一切存在物在神心中的基本形态。

现在，借助哲学的帮助，人类的心灵能够认识这些理念，可以了解这些永恒真理，可以看到这些永恒真理的依据。这样，人

[1] 《旁观者报》，艾迪生和他的朋友共同创办的报纸，每期只有一页，在早餐前递送到订户手中。《旁观者报》嘲讽社会生活中的错误和愚蠢的行为，赞扬好人好事，还虚构了一些古怪的人物。——译注

的思想与神的思想就成了自然的共同体。

但如果是这样的话,"我的朋友们啊,"苏格拉底可能会说,"如果人类的灵魂与创造宇宙的神性心智如此相似,如果它能像神性智慧那样看到宇宙的某些方面,那么,灵魂又怎么会不是神性的呢?如果灵魂能够拥有永恒的真理,它又怎能不是永恒的呢?如果它能抓住不可摧毁的理念,它怎么能不是真实的和不可摧毁的呢?"

这个论点似乎对那些接受柏拉图关于知识的本质和灵魂的构成的学说的人有很大的影响,这些学说包含在《理想国》的后半部分中。如果柏拉图在晚年重写《斐多篇》,他可能会非常自然、非常有效地引入类似的论证,以此取代苏格拉底和吉贝斯的最后一次论辩。

但是,有人会问,这一论点对我们来说是否已经失去了力量?有人会回答说,已经失去了:我们不再接受神性智慧中的类型学说,[1]宇宙的形成依据的就是这种学说;我们也不再接受人类思想中存在神性的学说,人类理解永恒真理的可能性是这一学说的证明。

对于这些问题,必须通过自己的思考才能作出判断。如果不努力集中注意力抽象地去思考,任何人都无法稳定而清晰地思考这些问题。这样做的人会发现,这些学说所遇到的难题,其他学说也都无法避免。两个世纪前,我们教会的神学家们就在

---

〔1〕 神性智慧中的类型学说,形而上学或神学中的一个哲学概念。这种学说认为,宇宙万物都遵循神的计划或预先设定的特定类别,宇宙是根据预先确定的分类而构建的。宇宙中存在一种等级或预定的秩序,万事万物都按照神的计划或意识归入特定的类别或类型。这意味着现实的结构,包括物体、生命或概念的性质,都是在神的头脑中建立起来的,这些预设的类型或类别定义了事物的本质和存在。——译注

这些理论中发现了丰富的养料,以此来滋养热忱而崇高的基督教信仰。我们可以希望,如果有人根据自己的思考将这些教义纳入现在的宗教哲学,那他就可以在不冒犯他的基督教邻居的情况下做到这一点。

我们可以轻松地以柏拉图对话的形式来论证这种学说。苏格拉底可能会说:“你承认人类的心灵能够理解几何学的真理,而且几何学的真理是永恒的。那么,能够理解永恒真理的智力,其本身不也是永恒的吗?

“你承认,神圣的智慧在思考宇宙时,思考的是与空间有关的真理,我们称之为几何学的真理,宇宙就是依据这些真理构成的。难道人类智慧和神性智慧所思考的几何学真理,不是同样的真理吗?如果是这样的话,人类智慧就与神性智慧有共同之处,难道不是吗?在这个意义上,人类的灵魂难道不可以被称为神灵吗?”

在柏拉图的这些论述中,或明或暗地经常提到几何学的真理。这是有充分理由的。正是这些真理,通过展示某些真理的实例,才产生了真正的哲学。他们以一种人们无法否认的方式说:“这是可以知道的”。这驳斥了大声疾呼“什么都不可能知道”的怀疑主义。同样地,他们也可以反驳“我们对神一无所知”的怀疑主义,他们说:“我们知道,必然真理[1]对神来说是真实的。”

对于那些遵循这一推理思路的人来说,随之而来的是一些重要的问题:什么真理是必然的?随着人类知识的进步,人类是

[1] 必然真理,哲学概念,指通过逻辑的和数学的推理获得的结论,也可以说是推理的真理。与必然真理对应的是偶然真理,即事实的真理。推理的真理是必然的,因为其反面是不可能的,而事实的真理是偶然的,因为其反面是可能的。——译注

否会认识到新的必然真理？如果是，这些真理对我们认识神有何影响？

对于其中一些问题，我在其他地方回答过。在这里讨论最后一点会使我离题太远，但我可以大胆地说：我相信，如果一个人认可柏拉图关于神与宇宙关系的观点，他就会发现，现代科学与这种观点不谋而合，还扩展了这种观点，或者至少充实和丰富了这种观点；而且，现代科学还驳斥了各种现代和古代的怀疑主义，这些怀疑主义转移人们对自己所知道的事情的注意力，以此来说服人们，他们其实什么都不知道。

我还想补充一点，从这个角度来看神与宇宙的关系，并将这种关系延伸到精神世界和自然世界，这会使我们有更多的理由相信灵魂是不朽的。

对于这一伟大的学说，根据不同人的思维方式和习惯，有许多令人信服的理由，我们应该以尊重甚至同情的态度来谈论其他人在这一问题上的观点和意见。在今天，正如在柏拉图时代一样，有些论点在我们看来是软弱无力的，但对于坚持这些论点的人，它们却能打动人心、激起希望，坚定人们对美德的热爱，从而显示出它们的力量。一个人真正地、切实地期待着永生的人，无论他这么做是基于何种理由，他都向我们展示了人类灵魂的崇高姿态。

因此，我不想在此提出任何贬低这些人的论点。这样我就可以说，在我看来，人们心目中最重要的论点似乎是，奖善惩恶是未来愿景中必需的状态，而在大多数人看来，这个状态在这里实现得并不完美。因此，艾迪生把这一点作为罗马哲学最重要的依据之一：

“我要在这里坚持；如果上天有力量
（那是有的，大自然在她的造物中高声呼喊），
那么他一定会以美德为乐；
而他所喜悦的，一定是幸福的。
但何时何地？这个世界是为凯撒而生的。”

门德尔松非常恰当地把这一点作为自己所写的《斐多篇》的主要论据之一，但他并没有把这一点说成苏格拉底的观点，而是说成西米亚斯的观点，说成西米亚斯已经认可的观点。他说：“如果我对灵魂不朽产生怀疑，那我不是反对这一学说的真实性，而是反对它在理性基础上的可论证性；或者说，是反对你，苏格拉底，反对你用理性说服我们的方式。至于其他方面，我完全接受这一令人欣慰的教义——不仅因为它是你传授给我们的，而且因为它是由古代最聪明的人传给我们的，但诗人和寓言家添加的一些谬误除外。当我们的灵魂找不到确定的依据时，它就把自己寄托在使它安宁的观点上。而这些观点，就像无底大海上的小船，如果天气晴朗，可以载着它越过今生的波涛。我觉得，我不能拒绝永生和死后报应的教义，否则我就会遇到无穷无尽的困难，就会眼睁睁地看着自己所坚持的真理和美德受到冲击。如果我们的灵魂是必死的，那么理性就是朱庇特派来迷惑我们这些可悲凡人的一个梦。这样，美德就失去了在我们眼中使它像神一样的光辉。那么，美丽和崇高，道德和肉体，都不是神的完美的印记（因为任何灭亡的东西都不可能带有神的完美的印记）。那样的话，我们被安置在这里，就像牲口一样，吃下粮草，然后死去。几天之后，无论我是造物的装饰品还是污点，无论我所做的事增加了幸福者的人数还是增加了悲惨者的

人数,一切都将是一样的。这样,最卑微的凡人也能脱离神的统治,一把匕首就能松开人与神之间的纽带。如果我们的精神是易逝的,那么,最聪明的立法者和人类社会的缔造者就欺骗了我们,或者欺骗了他们自己。那么,整个人类就达成了一项协议,要珍视谎言,尊重编造谎言的人。那么,那些自由的、有思想的人们不过是一群无理性的牲畜。而人——想到他这样堕落,我就吓坏了——失去了永生的希望,这种奇妙的生物就成了地球上最可怜的动物。只有一种特殊的属性表明了他的重要性,那就是他会反思自己的处境,害怕死亡并且会绝望。这样,神就不是全善的,他不会为自己创造物的幸福而高兴,他是邪恶的,他一定是赋予了创造物一些品质,而这些品质只会让他们变得可怜……对来生的希望解决了所有这些难题,使我所坚信的真理再次和谐一致起来。它证明了神的存在,赋予美德以崇高,赋予美丽以光彩,赋予快乐以魅力。它使痛苦变得甜美,甚至使今生的灾难也变得可敬。因为,对这里发生的一切,我们可以看到无数的结果。”

最近,在关于未来状态的争论中,被认为最有说服力的是对人类情感的影响。当我们所爱的人死去时,我们无法相信,分离是最终的结果。如果我们相信,有人就会问,我们怎么能坚强地活下去呢?正如我所说的,我绝非要反对这个论点或其他论点,只要人人都认为这个论点是有力的。但奇怪的是,那些不认可报应论的人,竟然认为这个观点是有说服力的。如果没有对未来的信念,那当我们所爱的人离我们而去时,我们就很难站起来活下去。那么,当我们看到正义之士被不公正地杀害时,如果没有这种信念,我们岂不是更难站起来努力生活吗?如果说亲情是普遍的、不可抗拒的,那么道德情感也同样是普遍的,而且在本质上更是绝对必要的，难道不是吗？据说，如果没有这种希望，我们天性中最纯洁、最高尚的因素都会欺骗我们。不过，我们天性中最纯洁、最高尚的因素是，相信正确的东西最终一定会胜利，相信善良的人一定会在某个地方以某种方式获得幸福。因此，这个证明确实是灵魂不朽学说最古老、最为人熟知的证明之一。事实上，所有对人类信念影响最大的证明自然也是如此，尽管它们会随着人类思想和语言的变化而改变其面貌和表达方式。